Dosenberger/Frank/Danko/Hinsen

Lebt aus der Eucharistie!

D1663432

Dosenberger (Hrsg.)/Frank/Danko/Hinsen

Lebt aus der Eucharistie!

Die heilige Messe meditieren und verstehen

Pallotti-Verlag

Druckerlaubnis erteilt:
Friedberg, den 1. August 1991
Provinzial der süddeutschen Pallottiner-Provinz
Pater Josef Danko SAC
ISBN 3-87614-056-0
© Pallotti-Verlag 1991, 8904 Friedberg b. Augsburg
Umschlag: Dosenberger/Bayer, Friedberg
Gesamtherstellung: Hans Rösler, Augsburg

Ein Wort auf den Weg

Bevor Jesus von den Seinen Abschied nahm, übergab er ihnen in aufmerksamer Sorge ein Geschenk von unvergleichlicher Schönheit, Einmaligkeit und von ergreifender Tiefe: die heilige Eucharistie und damit sich selbst. Mit Leidenschaft und innerer Bewegtheit bekennt er: „Ich habe mich sehr danach gesehnt, vor meinem Leiden dieses Pascha-Mahl mit euch zu essen" (Luk 22,15).

Die Feier dieses heiligen Mahles sollte von nun an Verbindungs- und Erkennungszeichen derer sein, die sich zu ihm zählen. Mehr noch, sie sollte zur stets neuen Erfahrung seiner Gegenwart, zur immer wieder erlebten Begegnung mit ihm werden. In Stunden der Freude und des Glückes ebenso wie in Zeiten der Verfolgung, der inneren und äußeren Prüfungen, des Leidens.

Und tatsächlich ist die Feier des letzten Abendmahles Jesu, des „Brotbrechens", wie es die frühen Christen nannten, die „heilige Eucharistie" oder „heilige Messe", wie wir heute sagen, zum Mittelpunkt der Gemeinde sowie zum Mittelpunkt des religiösen Lebens des einzelnen Gläubigen geworden. Sie ist das Fest unseres Glaubens.

So ist sie zum Kraft- und Gnadenquell geworden, aus dem Gemeinde wie einzelne Gläubige für ihren nicht immer leichten Alltag schöpfen, zum „Sakrament des Alltags". Sie ist mehr als nur ein Zeremoniell. Sie ist ein Stück gelebter und praktizierter Glaube. Sie ist Nähe Gottes zum Menschen und umgekehrt. Nähe wie nirgendwo sonst.

Wenn nun Eucharistie und heilige Messe eine so zentrale Stellung im Leben von Gemeinde und Kirche sowie einzelner Gläubiger einnehmen, dann ergibt sich daraus als schlichte Konsequenz für Gemeinde und Gläubige, daß sie sich mit selbstverständlichem Interesse und sozusagen mit „heiliger Neugier" um diesen Schatz mühen, ihn pflegen und sich mit seiner Botschaft auseinandersetzen. Kurz: Wir wollen und sollen als Gläubige weitaus mehr über die heilige Messe und Eucharistie wissen. Mehr über sie nachzudenken, ist Voraussetzung, um ihre Tiefe auszuloten und ihre Kraft für das alltägliche Leben auszuschöpfen.

Diesem Ziel will das vorliegende Buch dienen. Es will informieren, hinführen, entdecken, erklären und vertiefen. Und es will um noch mehr Wertschätzung und Liebe für die heilige Eucharistie werben.

Je ein Kapitel widmet sich in mehreren Einzelbeiträgen den wichtigsten „Ereignissen" und Abschnitten sowie Höhepunkten im Ablauf der heiligen Messe. Sie geht der jeweiligen Entstehungs- und Entwicklungsgeschichte nach. Sie versucht, ihre Botschaft zu deuten und ins gläubige Leben zu übersetzen. Und dies nicht in theologisch komplizierter Sprache und Gedankenführung, sondern einfach, volkstümlich und verständlich. Wichtig scheint dabei, daß die Verbindung zum praktischen, menschlichen, religiösen Leben deutlich hergestellt wird, etwa nach dem Motto: Was will die heilige Messe in ihren vielgestaltigen Elementen sagen, welche Botschaft steckt für mein persönliches religiöses Leben darin? Leben und Messe, Alltag und Eucharistie gehören für den Gläubigen zusammen.

Man muß dieses Buch nicht „auf einmal" gelesen haben. Aber man sollte immer wieder darin lesen: vor dem Besuch der heiligen Eucharistie, danach, oder auch nach Art der geistlichen Lesung als Wegweisung für den Alltag. Die Autoren, Mitarbeiter der Pallottiner-Zeitschrift KATHOLISCHES APOSTOLAT und selbst Priester, sind überzeugt: Immer spricht die Botschaft aus der heiligen Eucharistie; immer bleibt für den, der sich ihr öffnet, „etwas hängen" und greift in die Seele ein; stets werden neue Weiten und Tiefen dieser Feier der Gegenwart Gottes erschlossen.

So könnte dieses Eucharistie-Lese- und Betrachtungs-
buch ein stiller und doch beredter, ein helfender und
nicht selten tröstender Begleiter im geistlichen Leben des
eucharistisch ausgerichteten Christen von heute sein.

Lebt aus der Eucharistie, wie der Titel sagt, heißt also:
Sucht die Eucharistie in ihrem Kern zu entdecken! Macht
euch auf den Weg zu ihr, und ihr werdet reich beschenkt
werden.

Daß dieses Buch die Leserinnen und Leser ergreift,
den Weg zur Eucharistie weisen und auf diesem Weg begleiten darf, das wünschen die Autoren von Herzen.

In deren Namen
Pater Anton Dosenberger SAC

Friedberg, im August 1991

Das Fest gehört zum Leben

---

*Feiern ist menschlich und
göttlich zugleich*

Einzelthemen:

Laßt uns feiern!
Nicht ohne Gott
Fest der Feste: Eucharistie

ANTON DOSENBERGER

Laßt uns feiern!

Die heilige Messe ist in ihrem tiefsten Wesen nicht zuerst eine heilige Handlung, ein kunstvoll aufgebautes Ritual mit immer wieder demselben Ablauf. Nein, sie ist zuerst eine Feier, ein Fest, wodurch das Herz bewegt wird, die Seele sich zu Gott aufschwingt inmitten der Gemeinde und mit ihr. Sie ist das Fest der Erinnerung an die großartige Liebestat Jesu: Leiden und Sterben für die Erlösung der Welt. Und sie ist das Fest der Gegenwart, das Fest der unmittelbaren Begegnung mit Gott: Gott ist wahrhaft da, unter und bei den Menschen und läßt sich sogar als Speise vom Gläubigen in sich aufnehmen.

Doch gerade weil die heilige Messe zuerst ein Fest ist, das Fest mit Gott, muß man, wenn man sie verstehen will, sich zuerst einer Grundüberlegung unterziehen: Können wir überhaupt noch feiern, richtig feiern? Können wir noch feiern trotz der zahllosen Familien- und Gemeindefeste, trotz der Parties, Jubiläums- und Gedenkfeiern, trotz der endlosen Festivals und der vollen Tische...?

„Können" heißt dabei: Sind wir seelisch nicht bereits zu stumpf; sind wir noch empfindsam genug; sind wir nicht selten viel zu bequem und innerlich unbeweglich zum wirklichen Feiern? Tut sich also noch etwas neben der äußeren Hektik und dem immer lauter werdenden Lärm im Inneren des Menschen, in seinem Herzen und in seiner Seele?

Wenn sich im Innern des Menschen nichts mehr tut beim Feiern und Festen, wenn er sich nicht mehr begeistern und beflügeln, ja verändern läßt, dann hat er vielleicht danach einen schweren Kopf, ist müde, erschöpft, aber er hat kein bleibendes Erlebnis, das ihm sein eigenes Menschsein bewußt, froh bewußt macht und es neu leben läßt.

Viele Zeitgenossen, darunter auch der amerikanische Schriftsteller Harvey Cox, der sich in seinem Buch „Das Fest der Narren" intensiv mit dieser Frage befaßt und Wertvolles dazu sagt, meinen, die heutigen Menschen könnten nicht mehr so recht feiern, jedenfalls nicht so tiefbewegend, selbstverständlich und ungeniert wie frühere Generationen.

Ich vermute, daß jeder aus Erfahrung in der eigenen Familie, im persönlichen wie beruflichen Lebenskreis ähnliches sagen könnte. Und da gibt es einige typische Leiden, die dem Fest schwerst zu schaffen machen. So erlebt man heute ganz wenige Feste, die nicht unter „Schlagseite" in Richtung äußerer Aktivität und Konsum leiden. Viel zu viel wird überdies auf Organisation geachtet. Improvisation ist nur wenig gefragt. Die Ursprünglichkeit, das Spontane ist weithin verdunstet.

Häufig sind unsere Feste auch überladen vom Essen und Trinken, von Nonstop-Programmen nach dem Motto: „möglichst viel in möglichst kurzer Zeit!"

Welchen Anteil die modernen Feste, die Fernseh-Festivals an dieser Entwicklung haben, läßt sich nicht bis ins Letzte nachweisen. Immerhin läßt sich dies eine feststellen, daß die von den Medien mit viel Aufwand, Glanz und Glamauk aufbereiteten und servierten Feste dazu beitragen, daß die Phantasie, die geistige und seelische Aktivität der Zuschauer durch sie nicht selten schwer gelähmt, wenn nicht ganz zerstört wird. Viele Fernsehkonsumenten kommen zu der bequemen Überzeugung: Wenn man das so billig und bequem haben kann, warum soll man sich in eigene Unkosten stürzen?

Richtig verstanden, man muß kein Fernsehgegner sein, dennoch darf und muß man dem Angebot kritisch gegenüberstehen. Andernfalls geht ein wichtiges Stück menschlicher Freiheit verloren, was leider viele Fernseh-Narren allzu leicht unterschätzen.

Häufig sind unsere Feste verzweckt. Man verbindet damit nicht selten einen sozialen Zweck, vielleicht auch, um das Gewissen zu beruhigen und das Gefühl zu haben, nicht ganz unberechtigt gefeiert und genossen zu haben. Nichts gegen Wohltätigkeitsbälle und Pfarrfeste zur Renovierung von Kirche und Errichtung einer Sozialstation! Doch meine ich, darf nicht jedes Fest mit einem solchen Zweck befrachtet werden. Es muß auch einmal ein Feiern geben um des Feierns willen. Manche Straßenfeste haben ein wenig von diesem Charakter entdeckt.

Nicht zuletzt gäbe es auch bezüglich unserer Gottesdienste einiges kritisch anzumerken. Gibt es da nicht allzu oft allzu viel Hektik? Und werden nicht allzu viele Worte gemacht? Und wird dabei nicht der Kopf überstrapaziert, während die Seele unterversorgt, ja kalt bleibt?

Man nehme...

Natürlich geht das bei einem Fest nicht ganz so einfach wie beim Kochrezept: „Man nehme..." Dennoch, kein Fest ohne bestimmte Zutaten! Sie sind recht unterschiedlicher Art. Einige wichtige seien hier einfach einmal aufgelistet.

Zunächst kann man ein Fest wirklich nur feiern, wenn man sein Herz mitbringt, wenigstens etwas davon. Ich meine damit schlicht die innere Einstellung, die Freude. Es muß nicht die überschäumende Ausgelassenheit und Fröhlichkeit sein. Dazu ist man nicht immer fähig, selbst bei einem Fest nicht. Es genügt eine gewisse Heiterkeit, Gelöstheit, Entspannung. Man könnte diese auch die innere Aufgeräumtheit nennen. Josef Pieper spricht in seinem Buch „Zustimmung zur Welt" von Freude und Bejahung. Man kann nicht richtig feiern, wenn man mit Gott und der Welt zerstritten ist. Man muß also innerlich positiv gestimmt sein, um „in Stimmung" zu kommen. Das ist, so meine ich, der innere Festtagsanzug, ohne den man schlecht zu einer Feierlichkeit gehen kann. Dies gilt erst recht für das geistliche Fest, für die heilige Messe.

Und weil man diese innere Ordnung nicht immer direkt von der Straße weg hat, pflegen wir, uns zuerst einmal in die heilige Messe einzustimmen, uns zu sammeln.

Es muß auch glänzen

Zu den weiteren Festzutaten zählt die äußere Aufgeräumtheit, Ordnung und Stimmung. Ich denke zunächst ganz schlicht an Sauberkeit, die trotz des Hygiene-Fimmels der Gegenwart selbst bei Festen gar nicht so selbstverständlich ist, wie ich selbst verschiedentlich bemerkt habe. Kurzum: Wenn sich das Herz freut, sollte auch der Körper strahlen. Denn in der wirklichen Feier ist der ganze Mensch gefragt und einbezogen.

Daß der äußere Körperschmuck ebenso zum Fest beiträgt, ist allgemeine Überzeugung, die von nur wenigen infrage gestellt wird. So habe ich beispielsweise noch keinen jungen Mann gesehen, der schmutzig zu seiner Angebeteten geht, zum Fest der Verehrung, der Zärtlichkeit und Liebe. So betrachte ich es auch als Ausdruck der gegenseitigen menschlichen Hochachtung, daß dem anderen, zumal beim Fest, nicht gerade die schmutzigste Seite des Daseins zugemutet wird.

Manche Menschen sollten, bevor sie ein Fest betreten, eine kurze Gesichtskontrolle vornehmen: mit hängender Miene und traurigem Augenaufschlag ist nichts zu bewegen, schon gar nicht die Freude und das Fest. Die Gäste fühlen sich eher zur Langeweile oder gar zum Schlafen animiert.

Das Licht einer Kerze, ein festlich gedeckter Tisch, natürlich Essen und Trinken, es muß nicht im Übermaß sein – die Tische müssen sich nicht biegen – gehören wesentlich zur Atmosphäre des Festes. Ja gerade das sogenannte „Atmosphärische", also die Gesamtheit der festlichen Umgebung, muß Wärme, Einladung und Freude ausstrahlen. Das hängt allerdings nicht nur von Äußerlichkeiten ab. Hier spielt die gesamte Stimmung eine wichtige Rolle. Freilich, Musik, Spiel, Tanz, Gesang gehören mit dazu. Vor einigen Jahren habe ich bei einer Priesterweihe in Jugoslawien nicht nur im Gotteshaus, sondern auch beim Mittagsmahl mitgefeiert. Da wurde bei Tisch froh und besinnlich gesungen, ein Gitarrist griff in die Saiten und riß die Gesellschaft mit sich. Bald wuchs eine frohe Tischgemeinschaft zusammen. Und man spürte, wie alle so richtig mit dabei waren. Die von Arbeit und Sorge gehärteten Gesichter entspannten sich. Es wurde gelacht und gesprochen.

Nicht zu vergessen: Zum Fest gehört auch der Humor. Die Festgäste müssen Sinn für Spaß und Witz haben, selbst wenn er gelegentlich auf Kosten des einen oder anderen geht.

Und die Störfälle und Störenfriede, die Kritiker und Stänkerer, denen das Fleisch zu hart, das Licht zu hell, der Wein zu sauer ist? Auch die gibt es nicht selten. Sie gehören in die Kategorie der Festtagsteufel. Ich finde, daß am besten hilft, sie zu ignorieren. Man darf sie einfach nicht ernst nehmen. Ich halte es beispielsweise nicht für nötig, daß sich eine ganze Festgesellschaft über die dumme Bemerkung oder das deplazierte Lachen eines einzigen geltungssüchtigen Gastes aufhält.

Zum Schluß dieser kleinen Zutaten-Auslese das Wichtigste: Man nehme sich Zeit, viel Zeit zum Fest. Denn mit der Stoppuhr in der Hand kann man nicht feiern. Wer von Termin zu Termin rast – auch Seelsorger haben das heute oft an sich – ist letztlich doch ein Spielverderber, ein Unruhestifter. Unter Zeitmangel kann ein Fest nicht wachsen, sich entwickeln und entfalten. Es wirkt gestreßt, gejagt.

Das gilt, so meine ich, auch für die geistliche Feier. Sei es die Taufe oder Trauung, sei es die Firmung oder die

heilige Messe. Zeit und Muße sind die Säulen der Fest-
hallen, des Konzertsaales ebenso wie der Kirche.

Der Mensch braucht das Fest

Es gibt natürlich immer auch Leute, die das Feiern als
überflüssig ansehen. Warum also feiern? Diese Frage ist
schlicht zu beantworten: Der Mensch braucht das Fest,
weil er nicht ununterbrochen in der Pflicht stehen, arbeiten und produzieren kann. Der Mensch ist keine Maschi-
ne. So meint der Ausdruck Fest- und Feiertag oder Feier-
abend, daß sich eben da der Mensch frei fühlt von Arbeit
und Pflicht. Aus dem vorchristlichen griechischen Altertum, näherhin von dem Weisen namens Demokrit, ist uns
der Satz überliefert: „Ein Leben ohne Fest ist wie ein langer Weg ohne Einkehr".

Der Mensch hat Seele, ja er ist Seele. Das sagt nichts
anderes, als daß er eben auch ein Empfinden besitzt für
das Schöne, das Gute. Er findet Gefallen nicht nur am
schöpferischen Tun, sondern auch am spielerischen Erleben seines Daseins. Er darf mit Lust essen und trinken,
tanzen, sich fallen lassen in die Hände einer ihm wohlge-
sinnten Welt, darf sein wie er möchte. Er muß sich nicht
immer zusammennehmen, darf auch einmal ausgelassen
sein, schallend lachen, in eine andere Rolle schlüpfen als
sie der Alltag von ihm fordert. Der Mensch ist ein Wesen,
das aus der Freude lebt und nur daraus die Kraft zum täglichen Daseinskampf und Überleben schöpft. Das brauche ich wohl nicht eigens zu belegen.

Im Feiern hebt der Mensch die großen und bewegenden Lebenserfahrungen ins Licht der Freude und Zuversicht. Ja er verklärt sein Dasein. Musik und Poesie, die
gesamte Literatur haben sich vom Fest beflügeln lassen.
In ihnen wird deutlich, wie sehr sich die Seele im Fest frei
wie ein Vogel aus den Niederungen täglichen Arbeitens
und Sorgens erhebt und froh ihr Lied anstimmt.

Ein bunter Reigen

Gefeiert werden bei allen Kulturvölkern die wichtigsten Abschnitte des Jahres und nicht zuletzt auch die großen und bewegenden Ereignisse des Lebens eines Menschen oder Volkes, einer Stammesgemeinschaft, einer Generation. So kennen wir die Sonnwendfeier am Johannitag und an Weihnachten, das Neujahrsfest, die harte Nacht als Abschied vom Winter, den Erntedank, die Kirchweih und viele andere. Auch im Leben des einzelnen werden die Höhepunkte gefeiert, so die Geburt, die Hochzeit, die runden Geburtstage, die besonderen Gedenktage, Ereignisse und Erfolge wie zum Beispiel der Tag der Erstkommunion, Abitur, Priesterweihe, das gewonnene Spiel, der hart erkämpfte Sieg. Im christlichen Lebensbereich gelingt es, selbst den Tod trotz allen Schmerzes ein Stück weit auch zu feiern. Ist er doch Übergang und Durchgang zum eigentlichen Fest des Lebens, zum Himmel. Von ihm spricht die Heilige Schrift als der großen Hochzeit und dem Gastmahl. Das läßt darauf schließen, daß Freude und Fröhlichkeit auch unentbehrliche Teile des ewigen Lebens sind. Deshalb denke ich, daß wir die Vorahnung und den irdischen Abglanz durchaus genießen dürfen, damit wir den Geschmack am Ewigen nicht verlieren. Hat nicht Jesus uns auch das praktisch vorgelebt? Er nimmt teil an Festen und Feiern der Menschen seiner Zeit, wenngleich ihm das den Ruf einbringt, ein Fresser und Säufer zu sein (Mt 11,18f). Er weist auf innere Gelassenheit hin, wenn er von den Vögeln des Himmels spricht, die vom himmlischen Vater ernährt werden (Mt 6,25ff). Und er läßt sich von der Frau in Bethanien sogar salben, obwohl andere dies als Verschwendung empfinden (Mk 14,3-9). Nicht zuletzt hat Jesus uns als Mitte täglichen Glaubens ein festliches Mahl, das Eucharistische Mahl hinterlassen. Sollte es damit nicht für ewige Zeiten das neue Fest mit Gott geben?

ALOIS FRANK

Nicht ohne Gott!

Muß Gott denn dabei sein, wenn Menschen feiern?
Wird es – salopp gefragt – ihm nicht zu viel, wenn er sozusagen auf jeder Hochzeit mittanzen muß?

Für den gläubigen Menschen und erst recht für den Christen lautet die Antwort eindeutig und klar: Ja, Gott muß mit dabei sein und ist mit dabei. Denn der Gläubige ist überzeugt, daß alles, was uns zum Feiern bewegt, letztlich immer ein Geschenk dessen ist, dem wir unser Leben verdanken. Gott ist der Geber alles Guten, worüber der Mensch sich je freuen kann. So schwingt in jedem Fest sozusagen als Grundmotiv der Dank an Gott mit. Gott ist Veranstalter und Gast zugleich. Er lädt ein und feiert mit. Der wirklich feiernde Mensch ist der Gott verbundene, der Gott dankbare Mensch, der um dessen Nähe weiß.

So feierten schon die Urvölker keines ihrer Feste, ohne ihre Götter anzurufen und sie zur Teilnahme einzuladen. Durch Gesang, Tanz und Opfer suchten sie die Götter wohl zu stimmen, mit ihnen zu feiern und ihnen nahe zu sein. So war es von Anfang an auch im Volk Israel. Gott war in seiner Mitte bei allen Festen, die gefeiert wurden. Und das waren im Laufe des Jahres nicht gerade wenige. Manche dauerten sogar mehrere Tage.

Gesang, Tanz, Opfer, Essen und Trinken – alles galt eigentlich Jahwe, ihrem Gott, der sein Volk geführt, beschützt hatte und über seine Feinde triumphieren ließ. Grundmotiv des Feierns war also immer der Dank an Gott.

Daß heute Gott weithin aus der Sphäre des Feierns verbann ist, und daß ihm nur noch selten für seine Gaben gedankt wird, ist ein Zeichen geistigen und religiösen Niedergangs, was nicht ohne Folgen bleiben kann.

Sonntag, Tag des Herrn

Bereits im zweiten Kapitel des ersten Buches im Alten Testament (Gen 2,3) lesen wir: „Gott ruhte am siebten Tag, nachdem er sein ganzes Werk vollbracht hatte. Und Gott segnete den siebten Tag und erklärte ihn für heilig."

Auf diese Bibelstelle berief sich das Volk der Juden und feierte diesen Tag als Sabbat. Er war ihm heilig. Und immer wieder im Laufe der Jahrhunderte wurden die Israeliten von Gott durch die Propheten ermahnt, den Sabbat als heiligen Tag zu feiern. „Sechs Tage sollst du arbeiten, der siebte Tag ist heilig, Sabbat, Ruhetag zu Ehren des Herrn. Jeder, der an ihm arbeitet, soll mit dem Tode bestraft werden." Mit diesen ernsten Worten verkündet Mose (Ex 35,2) den an ihn ergangenen Befehl des Herrn.

Durch die Auferstehung Jesu erhielt der jüdische Sabbat eine Umprägung und wurde zum ersten Tag der Woche, zum Sonntag. Stand der Sabbat als Tag der Vollendung und Ruhe am Ende der Schöpfung, so steht der Sonntag am Beginn des neuen Zeitalters, das gekennzeichnet ist von der Hoffnung auf Auferstehung und ewiges Leben.

„Am ersten Tag der Woche erstand Jesus vom Grab und erschien den Seinen" (Mk 16,9). „Am ersten Tag der Woche versammelten sich die ersten Christen, um ihr Brot zu brechen" (Apg 20,7). Eine Tatsache, die sich durch die ganzen ersten Jahrhunderte geschichtlich belegen läßt und sich bis heute erhalten hat. Nur wenige Regierungen haben es gewagt, den Sonntag als Tag der Ruhe und des Feierns abzuschaffen, doch nie war dies von Dauer.

Die Feier des Sonntags stand von jeher im Mittelpunkt der christlichen Gemeinde. Von diesem Tag ist die ganze

Woche getragen und durchwirkt. So kann er als das Urfest des Christentums bezeichnet werden.

Erst im Laufe des 2. und 3. Jahrhunderts entstehen die jährlichen Gedenktage der Heiligen. Im 4. Jahrhundert kommen die Herrenfeste hinzu, und damit treten die unmittelbaren Begegnungen mit Jesus und die Beziehung zu ihm in den Vordergrund. Man feiert neben Ostern, das schon immer eine herausragende Stelle einnahm, Epiphanie und Weihnachten, denen bald andere Feste folgen. Erst später kommen die Marienfeste auf. Und seit etwa 300 Jahren bestehen die sogenannten Ideenfeste, das sind Feste, die ein besonderes Glaubensgeheimnis darstellen, wie zum Beispiel Dreifaltigkeit, Fronleichnam, Namen Jesu, Christkönig.

Das christliche Fest, ausgehend vom Sonntag, ist also immer ein Gottesfest, ein Herrenfest. Fast alle seine „weltlichen Ableger", wie Messen, Kirchweih- und Domfeste, haben Ursprung und Leben aus der einstigen Einheit des religiösen und weltlichen Festes.

Feiern hilft leben

Das christliche Fest führt zuerst und zutiefst zu den letzten Quellen menschlichen Daseins, indem es in fröhlicher, beschwingter, heiterer Form bewußt macht, daß das ganze Leben von der Freude aus Gott befruchtet und durchwirkt ist. Aus dieser Grundüberzeugung und nicht zuletzt aus der Art, wie Christen ihre Feste feiern, haben solche Feste deshalb eine geradezu lebensverändernde Kraft.

Bei diesem Gedanken zehre ich als einer, der zur älteren Generation zählt, gerne auch ein bißchen von meinen Erinnerungen.

Meine schönsten und tiefgreifendsten Erinnerungen sind die religiösen Feste, die ich in meiner Heimat, einem kleinen Dorf über dem Taubertal, mit der ganzen Inbrunst meines Herzens und mit echter Begeisterung mitfeiern durfte. Jedes Fest warf seine Sonnenstrahlen voraus. Und diese waren je nach Art des Feiertages unterschiedlich. Da denke ich zum Beispiel an die Tage vor Weihnachten, vor Ostern, an die Vorbereitungen auf die festliche Dorfprozession an Fronleichnam. Ich sehe mich auf der Suche nach Zweigen von „Palmkätzchen" vor dem Palmsonntag für den Palmbuschen zur Weihe im Festgottesdienst. Ich stolperte zwischen Getreideäckern und an Wegrainen umher, um die Kräuter zu sammeln für den Gewürzstrauß, aus dem eine möglichst lange Königskerze herausragen mußte, für die Kräuterweihe am Morgen des Festes Mariä Himmelfahrt. Zu Hause und auf den Dorfstraßen war alles Tun hingeordnet auf diese Feste, und in Stuben, Kammern und Küchen verbreiteten sich appetitanregende Düfte. Indes wurde in der Dorfkirche alles an Pracht und Herrlichkeit aufgeboten, was in den sonst verschlossenen Sakristeischränken und in den Hausgärten aufzutreiben war.

Den Beginn des Festes läuteten schon am Vorabend die Glocken des Kirchturmes ein, und der Tag selbst begann mit seinem Höhepunkt, mit dem feierlichen Hochamt an dem mit brennenden Kerzen und duftenden Blumen hoch aufgebauten Altar. Die Gemeinde war damals vollzählig in ihren besten Gewändern erschienen. Um den Priester bewegten sich zappelnd die zahlreichen Meßbuben, die Orgel brauste, und der laute Gesang erfüllte das Gotteshaus.

Da spürte man nicht die eisige Kälte der winterlichen Zeit. Da wurde die Predigt nicht langweilig. Da gab es zu schauen und Vorrat an Freude zu sammeln für viele Tage danach. Der Weihrauch duftete berauschend. Die goldene Monstranz funkelte über dem Altar. Und dann bewegte sich die Prozession mit dem Allerheiligsten gemessenen Schrittes unter den Klängen der Musik durch das Dorf, von einer „Station" zur anderen.

Freude nach innen

Meine Eltern und auch die anderen älteren Menschen waren an solchen Tagen stiller, in sich gekehrter. Man schien ihnen anzumerken, daß sie glücklich waren, fröhlich in Gott, zufrieden mit ihrem Leben. Festlich war auch das Mittagessen zubereitet, bei solchen Gelegenheiten reichlicher und erlesener als sonst. Der Tisch hatte sein „Feiertagsgewand" angelegt.

Es erhebt sich die Frage, ob auch heute noch ein christliches Fest derartige oder ähnliche Wirkungen hervorbringen kann und die ganze Gemeinde erfaßt. Ich glaube schon. Noch in den letzten Jahren habe ich da oder dort erlebt, daß die Feier eines kirchlichen Festes für viele eine lebensverändernde Kraft besitzt. Und dies, obwohl unsere Kirchenräume und Altäre durch die Liturgiereform vielfach nüchterner, also auch schmuckloser geworden sind. Denn was schließlich ein Fest zu einem religiösen Fest macht, das ist Gott, der immer der gleiche ist und stets dort mitfeiert, wo er dazu eingeladen wird.

Das christliche Fest führt den Menschen zu Gott und zum Mitmenschen, zum Beten, Singen, Loben und Danken, zum freudigen Bewußtsein, daß Gottes Vorsehung über uns waltet und daß wir in Gott geborgen sind. Damit erfahren wir den letzten und tiefsten Sinn unseres Lebens, daß wir nicht dem Zufall schutzlos preisgegeben sind, sondern in der Vatersorge Gottes eine Heimat finden. Daß wir auch hineingebettet sind in die große Gemeinschaft aller Menschen, der Lebenden und Toten, der Heiligen und der Engel Gottes.

Dadurch hat eine solche Festfeier gerade gestalterische Kraft: Sie gibt Mut, Zuversicht, Hoffnung und Sicherheit. Der Mensch wird sich seines Gottes, seiner Erlösung, seiner Gemeinschaft mit dem guten Gott immer wieder neu bewußt. Das ist Grund zum Feiern, zu einem Feiern, das nie ohne gute Folgen bleibt. Selbst die Erinnerung geht mit ins Leben hinein und läßt das Erlebte noch lange nachklingen. Manche gute Tat für Arme und Notleidende ist aus der Freude und Begeisterung eines Festes geschehen. Das sollte bei aller sozialen Verantwortung der Kirche gerade heute nicht vergessen werden.

Hier und jetzt

Das Besondere an den kirchlichen Festen ist, daß sie nicht nur Rückblick und Erinnerung, sondern vielmehr Vergegenwärtigung sind. Die Heiligen, die wir feiern, leben bei Gott, und wir verehren sie ihres Glaubens, ihrer Liebe und Treue wegen, weil sie uns heute noch – oft Jahrhunderte nach ihrem Tod – Beispiel sind für unser Tun. Zugleich weil sie durch ihre fürbittende Macht wirksame Helfer sind im Alltag. „Wir leben von unseren Heiligen"; dieses Wort ist nicht übertrieben.

Ebenso verhält es sich mit den sogenannten Ideenfesten. Weihnachten, Ostern, Pfingsten sind auch heute noch Wirklichkeit. Wir leben von der Menschwerdung, von der Auferstehung des Herrn, von der Herabkunft des Heiligen Geistes.

Am deutlichsten wird dies ohne Zweifel in der Feier der Eucharistie: Jesus ist hier und jetzt in der Gestalt von Brot und Wein anwesend. Er tritt in die unmittelbare Gemeinschaft mit dem gläubigen Menschen ein, belebt und stärkt ihn. Das ist nicht Erinnerung, sondern lebendige Gegenwart.

Feiern besteht also nicht allein im äußeren Jubel, sondern vor allem in der praktischen Hinwendung zum Leben. Das christliche Fest will hineinleuchten in den Alltag. Gottes Liebe ist Grund zur Freude, zugleich aber auch Ermutigung, diese Liebe nachzuleben.

So greifen für den Christen Festtag und Alltag ineinander. Das Feiern mit Gott wird auch zum Leben aus Gott.

PETER HINSEN

Fest der Feste: Eucharistie

Wir kennen das Sprichwort: „Essen und Trinken hält Leib und Seele zusammen." Darin steckt eine tiefe Wahrheit. Sie wird umso offenkundiger, je mehr sich das Mahl entfalten kann. Wenn Menschen sich miteinander zu Tisch setzen, geschieht mehr als nur Nahrungsaufnahme. Es ereignet sich etwas zwischen denen, die sich Speisen und Getränke reichen, die miteinander sprechen, die etwas miteinander erleben.

Das gilt auch für die Eucharistiefeier, oder besser gesagt, sollte für sie gelten: Kann es eine Mahlzeit geben, die Leib und Seele mehr zusammenhält, als wenn der Gastgeber sich selbst als Speise und Trank anbietet?

Fest der Befreiung

Wer zu einem Fest stößt, fragt sofort nach dem Anlaß, dem Grund des Feierns. Liegt er in einem Jubiläum, einem Geburtstag, einer bestandenen Prüfung, in der Erinnerung an ein denkwürdiges Ereignis oder einfach in der Freude am Zusammensein? Oft ist es ein ganzes Bündel von Gründen, so auch bei der Eucharistiefeier.

Der historisch entlegendste Grund ist ein Erbe der alttestamentlichen Heilsgeschichte: Die Erinnerung an den „Vorübergang des Herrn". Das II. Vatikanische Konzil hat sie in der Liturgiekonstitution wieder zum Leitgedanken erklärt, doch leider ohne besonderes Echo in der Praxis.

Im Sabbat hat sich das Aufatmen des Volkes Israel nach der Unterdrückung im pharaonischen Ägypten verdichtet, der Jubel über die von Gott geschenkte Freiheit.

Gerade in Zeiten der religiösen und politischen Krise wurde er zu einer stets neubelebenden Quelle der Hoffnung. Alle, selbst die Sklaven – was in der alten Welt provozierend revolutionär war – erinnerten sich durch die Niederlegung der Arbeit an die einstige Befreiung aus der Knechtschaft, durch das Essen des Mazzenbrotes an das ungesäuerte Brot, welches die Vorfahren gegessen hatten, als sie aufbrachen und durch die Wüste zogen. Der Sabbat ist nicht nur das ständig wiederkehrende Fest des Schöpfergottes, sondern vor allem des in der Geschichte wirkenden Befreiergottes. Befreiung hat das Volk immer dann neu erlebt, wenn es im Namen seines Gottes so solidarisch zusammenstand, wie es symbolisch bei der Sabbatfeier sichtbar wird. Bis zum heutigen Tag ist darum für das jüdische Volk der Sabbat zugleich eine Feier seiner religiösen und sozialen Zusammengehörigkeit. Erst recht gilt dies von der wichtigsten Sabbatfeier im Jahr, dem Ostermahl.

Schicksalsgemeinschaft mit Jesus

In dieser Tradition stand auch Jesus. Als er sich am Abend vor seinem Leiden mit seinen Jüngern zu Tisch setzte, da sprach er zuerst ein Dankgebet, wie jeder fromme Jude es tut. Die zubereitete Speise ist in erster Linie Gabe Gottes, dem dafür Dank gebührt. In diesem Gebet ist aber auch der Dank für die Treue Gottes enthalten, die im Laufe der Geschichte immer wieder offenbar wurde. Darüberhinaus macht Jesus darauf aufmerksam, daß Gott auch Dank gebührt für den, den die Gaben von Brot und Wein bezeichnen. Jesus hat doch wiederholt betont, daß er, der sich bei diesem Mahl als Speise und Trank anbietet, von Gott gesandt und beauftragt ist, von Gott gegeben, ja hingegeben.

Und wieder ist es die Feier einer Befreiung. Es geht dabei aber nicht nur um das Abwerfen von politischen oder sozialen Fesseln, sondern um die Besiegung des Bösen schlechthin. Wie einst Gott den Pharao, später die Herrscher aus Syrien oder Babylon besiegt hat, um die Gemeinschaft mit seinem Volk zu erhalten und zu stärken, so vernichtet er nun die Sünde, um diese Gemeinschaft zu vollenden. Nicht nur Freie und Unfreie dürfen miteinander dieses Befreiungsmahl halten, sondern sogar Sünder und Verräter. Jesus fordert alle dazu auf, aus der gleichen Schale das Brot zu nehmen und aus dem gleichen Becher zu trinken, gleichsam um die Bruderschaft zu besiegeln. Petrus, der mit vorschneller Zunge ewige Treue geschworen hat, darf am gleichen Tisch sitzen wie Judas, der den Verrat schon beschlossen hat. Zugleich werden alle, die dieser Einladung folgen, zu Schicksalsgefährten füreinander, ob sie sich dessen bewußt sind oder nicht.

Fest des Dankes

Das Herrenmahl, bei dem das Brot gebrochen wird, ist schon in frühester Zeit „Eucharistiefeier" genannt worden, Feier der Danksagung. Darum sind die liturgischen Texte bis zum heutigen Tag von der Haltung des Dankes gegenüber Gott bestimmt. Wenn sie uns mehr bedeuten als gedankenlos wiederholte Formeln, dann können sie auch in unserem Leben so etwas wie Wandlung bewirken. Wie sehr könnte sich unser Leben verändern, wenn wir uns immer wieder – so wie die Liturgie es tut – selbst fragen würden: Wofür habe ich zu danken?

Das ist keineswegs nur eine Überlegung am Rande. Jesus macht wiederholt darauf aufmerksam, daß nur der Dankbare den vollen Sinn seiner Frohen Botschaft verstehen kann (vgl. Lk 7,40-47; Mt 18,23-35). Der Dank ist für ihn ein so drängendes Anliegen, das durch nichts, auch nicht durch den ängstigenden Schatten des herannahenden Kreuzes beiseite geschoben werden kann. Was wir darum „zu seinem Gedächtnis" tun, ist untrennbar mit dem Dankgebet verbunden.

Die Erfahrung der Barmherzigkeit und die Hoffnung

auf die Auferstehung, die Kreuz und Tod den Stempel des Vorübergehenden aufdrücken, ist ein unschätzbares Geschenk. Ja, es ist würdig und recht, Gott allezeit Dank zu sagen!

Fest des Trostes

Die Evangelien berichten verschiedentlich davon, daß sich Jesus mit anderen an einen Tisch setzte, nicht nur am Abend vor seinem Leiden und auch nicht nur mit seinen Jüngern. Sogar die verachteten Zöllner und Sünder (vgl. Mt 9,9-13) waren seine Tischgenossen. Denen brauchte man nicht erst zu sagen, daß es ein Fest ist, mit Jesus an einem Tisch zu sitzen. Sie haben es auf der Stelle begriffen und gespürt.

Immer, wenn wir uns zum Gedächtnis an Jesus treffen, sollte etwas deutlich werden von dieser Gemeinschaft, die für jedermann offen ist. Sie ist eine Vorwegnahme der verheißenen Zukunft, der künftigen Gemeinschaft im Gottesreich. Inmitten unserer zerrissenen Welt dürfen wir dieses Mahl Jesu zu unserem Trost feiern „bis er wiederkommt in Herrlichkeit".

Was für ein Segen wäre es, wenn wir in unserer Umwelt, die so von Angst beherrscht wird, diese Feier des Trostes den Menschen zugänglich machen könnten. Fast jeder sucht doch nach einem Halt, aber oft an der falschen Stelle. Manche Trostlosigkeit könnte aufgefangen werden, wenn die Verunsicherten von dem Trost erreicht würden, der in der Eucharistie verkündet wird. Die Feier von Tod und Auferstehung Jesu schenkt eine Vorerfahrung davon, daß es einen Gott gibt, der schon heute immer wieder Tränen abwischt.

Wir sollten nicht ruhen, bis diese Quelle des Trostes allen sichtbar und zugänglich wird, gerade auch für „Zöllner und Sünder", die der Barmherzigkeit und des Trostes besonders bedürfen. Jesus hätte für die vielfältigen kirchlichen Praktiken des Ausschlusses sicherlich kein Verständnis. In der Eucharistie soll sich Kommunion und nicht Exkommunikation ereignen, Gemeinschaft und nicht Aussonderung.

Fest und Opfer

Es ist eigenartig: wenn wir vom Opfer sprechen, klingt das Wort vom Verzicht immer schon mit. Das ist wohl in unserer Befürchtung begründet, im Opfer einen Verlust zu erleiden, zu kurz zu kommen. Doch der Ursprung des Opfers ist von einer anderen Haltung bestimmt. Kenner der Kultur- und Religionsgeschichte sehen gerade in den religiösen Dankfesten die ersten Orte und Zeiten der Opfer. Aus der überschwenglichen Freude heraus haben die Menschen von den empfangenen Gütern weggegeben.

Es ist eine alte Erfahrung: Wer dankbar ist, der schenkt, und zwar freudig, nicht aus Zwang. Darum ist es gut verständlich, daß auch im Mittelpunkt der Eucharistiefeier das Opfer seinen Platz hat. Wir geben, was wir zuerst empfangen haben, die „Früchte der Erde und der menschlichen Arbeit", „Leib und Blut Christi". Schließlich bitten wir, Gott möge uns selbst zu einer Gabe machen, die ihm wohlgefällt, aber nicht in der Befürchtung, uns damit selbst aufzugeben, sondern in dem Verlangen, von Gott angenommen zu werden.

Welche Opfer bringen wir doch zuweilen aus freien Stücken, aus eigenem Bedürfnis, um den Menschen angenehm, annehmbar zu sein! Warum sollten wir Ähnliches nicht auch Gott gegenüber tun? Jesus hat es getan. Wenn uns Gott so annimmt, wie er Jesus angenommen hat, bedeutet dies doch nicht Verlust, sondern höchsten Gewinn.

Das große Amen

„Fest ist die Feier eines gemeinsamen Ja und Amen" (Jörg Splett). Wer sich zu einem Fest mit anderen trifft, möchte damit bekunden: wir alle sind froh und dankbar, daß etwas gut ist, daß es so und nicht anders ist. Die Feier der Eucharistie ist die große Zustimmung zu den Großtaten Gottes in der Schöpfung, in der Heilsgeschichte und in meinem ganz persönlichen Leben. „Um Freude irgendwoan zu haben, muß man alles gutheißen." Als Friedrich Nietzsche dieses Wort sprach, hat er nicht im Entferntesten an die Eucharistie gedacht, aber genau von ihr läßt sich dies sagen.

Dank läßt sich nur feiern, wenn ich aufrichtig ja sagen kann zu dem, was ich Gott verdanke. So erhält auch die Präfation ihre eigentliche Bestätigung durch den Lobpreis des Sanctus, durch das Amen der ganzen Gemeinde.

Fest des Sonntags und des Alltags

So wie die gläubigen Juden den Sabbat auch als die Feier der eigenen Identität begehen, so die Christen den Sonntag. Die Verschiebung von dem einen auf den anderen hat einen seiner Gründe tatsächlich in der Abgrenzung der frühen Kirche von der jüdischen Gemeinde. Aber der eigentliche Sinn liegt in der Erinnerung und in der Fortführung der Mahlgemeinschaft, die der Auferstandene nach der biblischen Überlieferung (vgl. Lk 24,28-43; Joh 20,19-26) am Sonntagabend mit seinen Jüngern gehalten hat. Die frühen christlichen Gemeinden versammelten sich am Sonntagabend nach getaner Arbeit zum Herrenmahl. Der Sonntag hat ja erst seit Kaiser Konstantin den Sabbat als Tag der Arbeitsruhe abgelöst.

Die Aufnahme der Sabbattradition in die Feier des Sonntags hängt mit der Überzeugung der Christen zusammen, daß sich in Jesus in höchster Vollendung das ereignet hat, was bisher schon Inhalt des Sabbatgedenkens war: Gott befreit die Menschen, steht treu zu seinem Bund, heilt die Kranken, reicht den Hungrigen das Brot, schenkt ihnen Gemeinschaft. Genau dies wird doch in der Eucharistie gefeiert. Eine solche Botschaft gilt auch für den Alltag und soll auch in ihm ihre Kraft entfalten. Sie ist so wichtig wie das tägliche Brot.

Darum ist es sehr sinnvoll, die Eucharistie auch während der Woche zu feiern. Am Sonntag, dem Tag des Herrn, soll sich aber die ganze Gemeinde vom gemeinsamen Tisch das Brot für den Alltag holen.

Vor Gott und mit Gott

*Jedes Fest hat seine Geschichte,
so auch die Eucharistie.
Jedes Fest hat seine Ordnung
und seinen Rhythmus,
so auch die Eucharistie.*

Einzelthemen:

Gott ist unter uns
Kirche, Kelch und Kerzen
Der heilige Beginn

ANTON DOSENBERGER

Gott ist unter uns

Gab es eine heilige Messe oder Eucharistie von Anfang an? Hat Jesus auch so gefeiert wie wir heute? Wie fing überhaupt alles an? Was wollte Jesus wirklich? Sind wir ihm treu geblieben?

Die Eucharistiefeier, die der gläubige Katholik als Mitte seines religiösen Lebens betrachtet, wirft heute tatsächlich für junge wie ältere Katholiken, für außen- oder am Rande stehende Gläubige viele Fragen auf. Manche kommen überhaupt nicht zurecht und nehmen auch deshalb nicht mehr daran teil.

Wer heute Eucharistie oder heilige Messe wirklich feiern und sie im Alltag leben will, muß sich deshalb jedesmal neu mit ihr auseinandersetzen. Er muß Fragen an das richten, was geschieht, und was er selbst dabei tut. Doch er muß sich auch um ein Mindestmaß an geschichtlichem Wissen und theologischer Kenntnis mühen. Er sollte also davon etwas wissen, wie die heilige Messe entstand und sich in langer Geschichte entwickelt hat. Und er muß sich Gedanken machen darüber, was die heilige Messe dem Menschen von heute, und damit ihm, sagen will. Auch dann wird freilich immer noch manches unklar bleiben. Die heilige Messe hat eine so reiche Geschichte und eine solche theologische Weite, daß sie nie ganz ausgeschöpft werden kann.

Es begann mit einem Familienfest

Ich versetze mich in die Tage vor dem jüdischen Osterfest: Jesus weiß, daß er sein irdisches Programm erfüllt hat und zur letzten Konsequenz schreiten, leiden und sterben wird. Die Lage hat sich unerträglich zugespitzt und verschärft. Seine Stunde, die Stunde der Bewährung, die Stunde auch der großen Entscheidung ist da.

Spannend und bewegend zugleich legt sich diese Stimmung auf die Seele Jesu und auf die seiner Jünger. Es gilt Abschied zu nehmen.

Zuvor jedoch will Jesus mit seinen Freunden noch einmal zusammen sein, sie trösten und stärken. Er wählt dazu als äußeres Zeichen Speise und Trank, die auch im alltäglichen Leben Zeichen der Freundschaft und Liebe sind. Wie kostbar er selbst dieses Mahl empfindet, läßt der Evangelist Lukas erkennen: „Und er sagte zu ihnen: Ich habe mich sehr danach gesehnt, vor meinem Leiden dieses Paschamahl mit euch zu essen" (Lk 22,15 f).

Doch er veranstaltet nicht irgendein großes Abschiedsessen, wie man das heute vielleicht tun würde, sondern er lädt schlicht ein zu dem damals bei den Juden üblichen Paschamahl, das eigentlich ein Familienfest war, bei dem der Hausvater sozusagen den Vorsitz führte.

Schließlich gilt gerade dieses Mahl bei den Juden viel, erinnert es doch Jahr für Jahr an die wunderbare Befreiung des israelitischen Volkes aus ägyptischer Gefangenschaft und an alle übrigen Großtaten Jahwes aus Liebe zu seinem Volk.

Im Rahmen dieses Mahles ißt und trinkt Jesus mit seinen Jüngern zum Abschied. Und er gibt diesem Mahl damit zugleich eine neue Bedeutung und Kraft. Das geschieht in dem Augenblick, in dem er zu seinen Jüngern beim Brechen des Brotes sagt: „Das ist mein Leib" und beim Erheben des Bechers: „Das ist mein Blut, tut dies zum Gedächtnis an mich, so oft ihr es tut".

Dies ist der Kern der Eucharistiefeier bis auf den heutigen Tag.

Doch um diesen Kern, der in den Evangelien historisch eindeutig ausgewiesen ist, legt sich im Laufe langer Zeiträume und Entwicklungen ein Rahmen, der das Heiligste verdeutlichen und in einen größeren Zusammenhang einfügen soll.

Die älteste Gemeinde feiert das Sakrament – wie Jesus bei der Einsetzung – im Zusammenhang mit einem Bruder- und Sättigungsmahl und in der von Jesus eingehaltenen Reihenfolge: Brot – Sättigungsmahl – Kelch. Der erste Korintherbrief und der Evangelist Lukas belegen dies.

Doch bald schon werden die sakramental bedeutsamen Handlungen mit Brot und Wein zu einer Einheit zusammengezogen und an das Ende der Mahlzeit gerückt. So schildern es die Einsatzungsberichte des Evangelisten Markus und Matthäus und eine frühchristliche Gemeinderegel. Später wird das Sättigungsmahl ganz ausgelassen und die Eucharistie mit dem Morgengebet vereint. So entsteht die heute noch gültige Form der heiligen Messe, die bereits um das Jahr 160 nach Christus beim christlichen Schriftsteller Justin erwähnt wird. Dabei kommt bereits die Auffassung zum Ausdruck, daß das Sakrament nur aus der vollen, vom Wort Gottes genährten Gläubigkeit vollzogen werden darf. Der Gläubige muß also, wenn er das Sakrament empfängt, auch die Botschaft des Evangeliums hören und bedenken.

Anfangs wird dieses Herrenmahl hauptsächlich am „Herrentag", eben am Sonntag, gefeiert. Im vierten christlichen Jahrhundert feiern die Christen die Messe auch am Mittwoch und am Freitag, später sogar täglich, wie Augustinus bezeugt.

Freilich gibt es nach Gegenden unterschiedliche Entwicklungen. So kennen wir heute als klarste Beispiele dafür die Liturgie der lateinischen Kirche und die Liturgie der östlichen Kirche. Beide feiern das Mahl. Doch die „Rahmenelemente" sind recht unterschiedlich.

In rechter Ordnung

Die Heilige Schrift belegt an vielen Stellen, daß die Gemeinde dieses Mahl als Ausdruck und Merkmal der christlichen Gemeinschaft sieht. Sie fühlt sich verantwortlich für deren Verlauf und die rechte Ordnung ebenso wie für die innere und äußere Haltung derer, die daran teilnehmen. Gegen Mißbräuche und Fehlentwicklungen wird seitens der Apostel und Gemeindevorsteher unmißverständlich vorgegangen. Leidenschaftlich setzt sich der Apostel Paulus im Rahmen seiner großen Abrechnung mit dem heidnischen Kult für die rechte Ordnung im christlichen Gottesdienst ein. Hier nur ein kurzer Ausschnitt. Der Leser mag selber diese eindrucksvolle Stelle im ganzen lesen: „Was soll also geschehen, Brüder? Wenn ihr zusammenkommt, trägt jeder etwas bei: einer einen Psalm, ein anderer eine Lehre, der dritte eine Offenbarung... Alles geschehe so, daß es aufbaut... Doch alles soll in Anstand und Ordnung geschehen." (1 Kor 14, 26-40).

Auch im Laufe der weiteren Kirchengeschichte haben sich zahlreiche große und kleine Kirchenversammlungen, Synoden und Konzilien mit dem rechten Feiern der Eucharistie befaßt. Zu den bedeutendsten zählt sicher das Trienter Konzil im 16. Jahrhundert, das die Meßfeier bis in unser Jahrhundert, sprich bis zum II. Vatikanischen Konzil, festlegt. Außerdem hat, uns allen bekannt, eben dieses Konzil in jüngster Zeit sich umfassend geäußert und eine Reform eingeleitet, die unserem Zeitempfinden entsprechen soll. Viele Gläubige haben dies begrüßt. Andere sprechen von Verrat, weil althergebrachte Formen verändert wurden. Wer jedoch die Geschichte der Messe kennt, weiß, daß alle Jahrhunderte auf irgendeine Weise an ihr gestaltet haben. Doch das Wesentliche blieb unberührt erhalten und wurde wie ein kostbarer Schatz gehütet. Das ist wohl das Entscheidende.

Eucharistie – heilige Messe

Für viele, durchaus gläubige und aktive Katholiken, sind bereits die beiden Bezeichnungen für die heilige Feier, nämlich „Eucharistie" und „heilige Messe" nicht mehr oder nicht ausreichend bekannt. Auch dazu einige Informationen: Bereits der Apostel Paulus spricht im ersten Korintherbrief (10,21) vom „Herrenmahl". Die Apostelgeschichte redet mehrfach vom „Brotbrechen".

Die Bezeichnung „Eucharistie" reicht in die frühchristliche Zeit zurück. Eucharistie-feiern heißt schlicht: Dank sagen, und zwar Gott, der mit uns Menschen verbunden ist, der uns durch die Erlösungstat Jesu Christi befreit und erlöst hat. Hier leuchtet auch eine Beziehung zum jüdischen Paschamahl auf. Dieses war ebenfalls ein frohes und dankbares Gedenken an die befreiende Liebestat Gottes an seinem Volk Israel.

Im volkstümlichen Sprachgebrauch sprechen wir von der „heiligen Messe". Vermutlich stammt dieser Begriff von der früheren lateinischen Schlußformel der Messe ab: „Ite missa est!" Das Wort „missa" blieb also und veränderte sich zu „Messe". Gemeint ist, daß die Gläubigen, die an dieser Feier teilgenommen haben, hinausgeschickt werden, um das, was sie hier erlebt haben, durch Wort und Leben zu verkünden. Und weil in früheren Zeiten Jahrmärkte und Festlichkeiten immer mit einer Meßfeier begannen, spricht man heute beispielsweise von der „Martinimesse" und meint damit den Martinimarkt. Bekannt sind auch die Frankfurter Buchmesse und andere, die allerdings von der einstigen Messe am Anfang nur noch den Namen tragen.

Was ist die Messe?

Auf diese Frage weiß der Theologe beinahe unzählige Antworten und Deutungen. Unmöglich, sie alle ausführlich zu erörtern.

Doch einige Kernaussagen dürfen hier nicht fehlen.

Zunächst muß gegen ein Mißverständnis bei Gläubigen wie Nichtgläubigen hingewiesen werden: Die Messe ist nicht magischer Zauber, als wollten die Gläubigen zusammen mit dem Priester Gott beschwören oder gar hypnotisieren, so daß er ihnen automatisch das gibt, was sie von ihm erbitten. Gott läßt sich nicht steuern. Er schenkt aus Güte. So ist die heilige Messe zunächst ein Gebet, eine Feier des Vertrauens, der Verbundenheit und Liebe. Gott sieht auf das Herz und die geistige Einstellung, mit der seine Kinder zu ihm kommen.

Die heilige Messe oder Eucharistiefeier ist ferner ein Fest, das Fest der Erlösung durch Gott. Betend und singend erleben wir, daß Gott da ist, daß er gut zu uns ist. Darüber hinaus versteht sich die Messe als Versammlung: Die Gläubigen treffen sich, sprechen miteinander über Gott und zu Gott, danken ihm und bitten ihn. Und er selbst ist im Wort und in der Gemeinschaft im Empfang der heiligen Gestalten erfahrbar.

Zweifellos ist die heilige Messe auch eine Gedächtnisfeier zur Erinnerung an die Heilstat Jesu. Jesus fordert eindeutig auf: Tut dies zu meinem Gedächtnis. Freilich schließt sich da auch die lange Kette der Heilstaten Gottes seit Anfang der Welt an. Jedoch überragt die Eucharistiefeier den Erinnerungsgedanken weit. Das ist der erhebliche Unterschied zu anderen Gedächtnisfeiern. Was einst geschah, bleibt nicht im Dunkel der Vergangenheit, sondern wird hier und jetzt gegenwärtig, nicht nur in den Köpfen und Herzen, sondern tatsächlich. Das ist schwer zu begreifen. Es bleibt ein Geheimnis des Glaubens. Später mehr darüber.

Ein weiterer Kerngedanke lautet: Die Eucharistiefeier ist ein heiliges Mahl. Nach wie vor steht der Tisch der Familie im Mittelpunkt. Die Gemeinde versammelt sich um ihn und vereint sich zum Mahl der Liebe, das ihr von Jesus geschenkt wird. Das geschieht auch, wenn eine Großgemeinde in der großen Kirche einen recht anonymen Eindruck erweckt und nicht gerade eine häuslich-festliche Stimmung aufkommt. Eucharistie ist jedoch nicht ein rein irdisches Mahl wie viele andere, sondern ein himmlisches. Gott gibt sich selbst in Brot und Wein. Es geht dabei auch nicht zuerst um augenblickliche Stärkung der Seele: „Wer mein Fleisch ißt und mein Blut trinkt, hat ewiges Leben" (Joh 6,54). Dieses Mahl will sagen: „Gott und Mensch gehören zusammen, ebenso diejenigen, die um den gemeinsamen Tisch versammelt sind."

Zu den tragenden theologischen Deutungen zählt der Gedanke: Die Messe ist Opfer. Wenn wir also feiern, wird die einmalige Hingabe Jesu an Gott und die Menschheit gegenwärtig. Was er für uns getan hat, bringt uns Erlösung. In jeder Eucharistiefeier lebt die Opferliebe Jesu Christi weiter und wird jeder Teilnehmer in sie aufgenommen.

Wer diese hier nur andeutungsweise dargelegten Gedanken über die Eucharistiefeier ernsthaft bedenkt, erkennt leicht, welch hoher Anspruch von dieser Feier auf seine Teilnehmer ausgeht. Der Geist des Mahles verlangt auch im Leben konsequent die Liebe, das menschliche Miteinander. Anders können wir uns nicht um einen Tisch versammeln. Ferner: Die Hingabe Jesu im Opfer fordert auch vom Gläubigen Bereitschaft, sich mitzubringen, für andere herzugeben um Gottes Willen. Zugleich aber schenkt die Eucharistie Kraft dazu.

Eucharistie und Leben müssen eins sein. Das gilt vor der Eucharistiefeier und erst recht danach. Das ist der Bezug zum Leben, daraus ergibt sich der sittliche Appell, der von ihr an uns ausgesprochen wird: Freuet euch an Gott, und liebet einander!

ALOIS FRANK

Kirche, Kelch und Kerzen

Kann die Begegnung mit Gott in der Eucharistie im
„luftleeren Raum" erfolgen? – Es bedarf eines Raumes,
eines Hauses, in dem sich Menschen, abgeschirmt gegen
Hast und Hetze des Alltags, als gläubige Gemeinschaft
versammeln können. Dieser Raum muß so gestaltet sein,
daß er sich der in ihm vollziehenden Feier würdig erweist,
daß er das Herz des Menschen erfreut, der inneren
Sammlung und Erhebung dient. Aus der gesamten Atmosphäre soll die Gottesnähe sprechen. Daher auch die
entsprechende Ausstattung mit Schmuck, Kerzen, Gewändern, mit Musik und Gesang. Oder die feierliche Stille.

Die Heilige Stätte

Die ersten christlichen Siedlungen wurden in Sicht-
weite einer Kapelle, einer Kirche oder um ein Kloster
herum angelegt. Mittelpunkt sollte eine Stätte sein, die
dem gläubigen Volk als Versammlungsraum dienen
konnte. Und der hochragende Kirchturm sollte es weithin verkünden: Hier ist der Ort, wo Gott und Menschen
sich begegnen. Hier ist ein heiliger Raum, den jedermann
betreten darf, wo er Gott findet und wo alle gemeinsam
beten und feiern.

So unterschiedlich diese Stätten der Gottesbegegnung
sind, so ist doch wichtig, daß sie mit allen zur Verfügung
stehenden Mitteln als „Haus Gottes" gekennzeichnet
und ausgestattet werden. Das hat der gläubige Mensch
von jeher begriffen. Er baute kunstvolle Kirchen, mächtige Dome und Münster, aber auch „heimelige" Kapel-

len, wo man sich abseits der lauten Welt in Gott versenken kann. Immer galt und gilt: Wo Gott und Mensch einander begegnen, soll eine dem unsichtbaren Gott angemessene Atmosphäre herrschen. Selbst in den primitiven mit Palmblättern oder Wellblech gedeckten Hütten, die unsere Missionare in Indien für die Feier der Eucharistie errichten, ist etwas davon wahrzunehmen.

Dort, wo Eucharistie gefeiert wird, ist „heiliger Boden", wächst eine Stätte, die in eine geheimnishafte Gottesnähe gehüllt ist, wo man sich geborgen fühlen und ausruhen kann. Unzählige haben das erfahren. Gerade die Kirchen unserer Großstädte weisen fast ununterbrochen Besucher auf, die sich dort vor Gott sammeln und im Gebet Kraft holen.

Für den gläubigen Menschen ist der Ort der Eucharistie heilig. Er ist stolz auf ihn. Er pflegt diesen Ort, schmückt und schützt ihn. Und er ist sich nicht zu gut, dafür auch ein ganz persönliches Opfer zu bringen. Denn für Gott und die Begegnung mit ihm ist das Schönste gerade gut genug. Aus solcher Einstellung heraus sind alle unsere Gotteshäuser, vom Hohen Dom bis zur schlichten Dorfkirche und Kapelle, gewachsen.

Die Zeit der Feier

Bis zur Liturgiereform nach dem II. Vatikanischen Konzil wurde die Eucharistie fast nur am frühen Morgen gefeiert. Mit ihr sollte der gläubige Mensch den Tag beginnen, im Gedanken, daß sein Tun der Hilfe Gottes und dessen Segen bedarf.

Seit der liturgischen Erneuerung ist es dem Priester erlaubt, auch mittags oder abends die hl. Messe zu feiern. Diese Regelung hat ebenfalls ihren Sinn: So könnte die am Mittag gefeierte Eucharistie an die Mitte der Zeit erinnern, an die Fülle der Zeit, in der Gott dem Menschen nahe ist, ihn führt in allen Wirrnissen und Wagnissen des

Lebens. Die am Abend gefeierte heilige Messe kann den Tag beschließen mit besonderem Dank an Gott.

An den Sonn- und Feiertagen wird die Zeit der Eucharistiefeier so gelegt, daß die ganze Gemeinde daran teilnehmen kann. Zudem ist der Ortspfarrer verpflichtet, an diesen Tagen die heilige Messe für die ihm anvertraute Gemeinde und in deren Anliegen zu feiern. Eine Tatsache, die gerade am Sonntag zur Teilnahme an der Feier aneifern sollte. Auch ist die Sonntagvorabendmesse gestattet worden, deren Mitfeier zugleich als „Sonntagsmesse" gilt.

Einige Hochfeste des Jahres genießen das Vorrecht, daß die Eucharistiefeier sogar zur Nachtzeit stattfinden darf, so zum Beispiel am Heiligen Abend zur Mitternacht und an Ostern in später Nachtzeit oder am frühen Morgen. Die Mitternachtsmesse erinnert an die Zeit der Geburt Jesu, die Messe in der Osternacht an die Auferstehung Jesu.

Von großer Bedeutung ist, daß für die Eucharistiefeier genügend Zeit vorhanden sein muß. Hetze und Eile stören nicht nur das ausgewogene Ebenmaß der heiligen Handlung, sie behindern auch die äußere Mitfeier und schaden dem gemeinsamen Vollzug. Wenn schon innere Ruhe und Gelassenheit notwendig sind, dann vor allem in der heiligen Zeit vor Gott.

Feier der Freude

Man hat die Eucharistiefeier bisweilen auch als ein „Geistliches Spiel vor Gott" bezeichnet. Das will sagen, daß sich die Gemeinde wie zu einem großen Fest in das Gotteshaus begibt, um bald auf diese, bald auf jene Weise fröhlichen Sinnes zu beten, zu singen, zu schauen, die Klänge der Musik in sich aufzunehmen...

Zur gemeinsamen Feier vor Gott soll der ganze Mensch erscheinen, festlich gekleidet, festlich gestimmt, aufgeschlossen für alles, was sich ihm bietet. So ist es auch der Sinn kirchlicher Liturgie, den ganzen Menschen zu erfassen. Nicht taub, blind und stumm soll er das heilige Geheimnis mitfeiern. Alle seine Sinne, die äußeren und die inneren, sollen miteinbezogen werden. Es soll frohe Stimmung herrschen, heitere Gelöstheit, die von Gott kommt und den gläubigen Menschen in den Sonntag und durch die Arbeitswoche begleitet.

Gott weilt unter uns, allen zur Freude. Die Kirche möchte diese Freude immer wieder von neuem schenken und den, der sich ihr auftut, zu fröhlichem Tun beflügeln. Das Wort des heiligen Paulus an die Christengemeinde in Philippi (Phil 4,4) gilt jedem, der die Eucharistie mit ganzem Herzen mitvollzieht: „Freuet euch im Herrn! Wiederum sage ich euch: Freuet euch; denn der Herr ist bei euch."

Gott, wir loben dich

Wenn der ganze Mensch in der Eucharistie „auf seine Kosten kommen" soll, dann darf das Gotteshaus kein öder, leerer, langweiliger Raum sein. Ob ein festlich-barocker Raum oder ein schlicht-moderner zur Verfügung steht, immer soll es ein gebührender Raum sein, der durch Ausstattung und Atmosphäre auf das Heilige, was hier geschieht, verweist. Einige Elemente, die für die Feier der Messe besonders wichtig sind, seien kurz geschildert:

Der Altar

Der Altar ist der zentrale Ort der Eucharistiefeier. „Ohne Altar kein Opfer!" Das galt bereits im Alten Testament. Wo seit Kain und Abel ein Opfer Gott dargebracht wurde, geschah es auf einem aus Steinen errichteten Altar. Im jüdischen Tempel stand der Altar im Allerheiligsten und war nur dem amtierenden Priester zugänglich. Selbst die Naturvölker errichten ihren Gottheiten einen Altar, ehe sie das Opfer bereiten.

Der Altar steht in unseren Kirchen an besonderer Stelle, allen sichtbar. Bis zur Liturgiereform waren die Altäre durch mächtige, künstlerisch wertvolle Aufbauten mit Heiligenfiguren und kunstvollem Zierrat als zentraler Punkt der Kirche gekennzeichnet. Mittelpunkt des Altares war der Tabernakel mit dem Allerheiligsten, Gegenwart Gottes in dem vom Mahl übriggebliebenen Hostien.

Durch die Liturgiereform wurden die Altäre näher an das Volk herangerückt. Der Priester zelebriert nun die Messe mit dem Blick zur Gemeinde. Der Tabernakel findet meist auf der Seite vor oder hinter dem Altar einen würdigen Platz. Der Tisch des Mahles einerseits und des Opfers andererseits wird so stärker betont. Das gläubige Volk kann nun von allen Seiten die Zeremonien der Messe besser verfolgen.

Der Altar ist Sinnbild Jesu. Wie der Altar in der Mitte der Gemeinde steht, so ist Christus auf dem Altar die Mitte aller Anwesenden.

Licht und Kleidung

Im Zeitalter der Elektrizität haben viele wieder die Liebe zum Kerzenlicht entdeckt. Kaum eine Feier, bei der das lebendig flackernde Licht der Kerze fehlt.

Auch keine Eucharistiefeier ohne brennende Kerzen! Vor der Liturgiereform war die Zahl der Kerzen auf dem Altar genau vorgeschrieben, entsprechend dem Tag oder der Festfeier. Ich bin heute noch entzückt über die Vielzahl von Kerzen, die früher an den Hochfesten auf den Altären brannten. Bisweilen weit über ein Dutzend.

Auch heute noch besteht die liturgische Vorschrift, daß bei jeder heiligen Messe das Licht der Kerze nicht fehlen darf. Denn seit jeher bedeutet das Licht die Gegenwart Christi. Die brennenden Altarkerzen wollen diesen Gedanken versinnbilden, wie auch das „Ewige Licht" vor dem Tabernakel die Gegenwart Jesu in der Eucharistie anzeigt.

Was für das Licht, gilt auch für den Blumenschmuck. Blume und Blüte sind Zeichen des Lebens und versinnbilden Jesus, der auf dem Altar sich niederläßt und, wie er selber sagt, „unser Leben" ist. Wenn die Gläubigen ihn mit Blumen auf dem Altar ehren, wollen sie ihn dadurch begrüßen wie einen längst erwarteten Gast, auf dessen Kommen sich alle freuen.

Wenn nun schon der Altar so festlichen Schmuck trägt, dürfte es auch eine Selbstverständlichkeit sein, daß Priester und Ministranten nicht im Alltagsgewand die heilige Handlung leiten.

Liturgische Kleidung ist so alt wie die Gottesverehrung selbst. Es gibt kein Volk, dessen „Priester", mögen sie auch „Zauberer" heißen, wie häufig bei den Naturvölkern, im gewohnten Tages- oder Arbeitsgewand ihre heiligen Handlungen vollziehen.

Unsere Kirche schreibt für bestimmte liturgische Feierlichkeiten Kleidung und Farbe der Gewänder vor. Je festlicher der Tag, um so festlicher auch die Kleidung. Die Farben sind auf die jeweiligen Gedenktage abgestimmt. Schwarz, heute violett für die Totenmesse, weiß an den Hochfesten und in der Weihnachts- und Osterzeit, rot zu Pfingsten und bei Martyrerfesten, grün an den Sonntagen im Jahreskreis. Unter dem farbigen Meßgewand trägt der Priester ein langes weißes Kleid, die Albe. Der Sinn dieser „Verkleidung" ist: Wer am heiligsten Ort der Gemeinde vorsteht, soll als solcher erkennbar sein und ein Gewand tragen, das sich der hohen Bedeutung dieser heiligen Handlung würdig erweist. Die besten Künstler haben seit alter Zeit kostbare liturgische Kleider geschaffen.

Ähnliches gilt für die Ministranten, seien sie Mädchen oder Jungen. Auch sie befinden sich im heiligen Bezirk und wirken unmittelbar bei der Eucharistiefeier der Gemeinde mit.

Ist es daher nicht angemessen, daß auch die Kirchenbesucher in Anbetracht der Heiligkeit des Ortes und der Handlung festlich gekleidet erscheinen?

Geräte, Bücher, Musik

Es gehört zum Thema, auch etwas über die „heiligen Werkzeuge" zu sagen, deren sich der Priester bei der Eucharistiefeier bedient.

Das sind in der Hauptsache der Kelch für die Aufnahme des Weines und die Patene (ein flaches Tellerchen) für die Hostie (gebacken aus reinem, ungesäuertem Weizenmehl), sowie das Meßbuch und andere Bücher mit den Texten, die bei der Messe zu lesen, zu beten oder zu singen sind.

Kelch und Patene sind ihrer außergewöhnlichen Bestimmung wegen als heilige Geräte meist aus einem edlen Metall kunstvoll gefertigt und sollen mindestens innen vergoldet sein. Daß Meßbuch, nicht selten prachtvoll in Leder gebunden und kunstvoll gestaltet, enthält die sogenannten unveränderlichen Teile der Messe sowie jene Texte, die sich je nach dem gefeierten Fest verändern.

Um es dem gläubigen Volk leichter zu machen, der liturgischen Handlung zu folgen, wurde bei der Liturgiereform statt des früheren, überall gebräuchlichen Latein die jeweilige Landessprache eingeführt. Dies sollte für jeden ein Ansporn sein, sich an der Feier auch wirklich zu beteiligen und zwar persönlich mit eigenen Worten. Man sollte nun nicht mehr, wie man früher sagte, „die Messe hören", sondern „die Messe mitfeiern".

Musik und Lied geben der heiligen Handlung eine besondere Note. Eine kleine Vorahnung von einem unfaßbaren Glück, von der einmaligen Feierlichkeit liegt über der Gemeinde, wenn zu den Klängen der Orgel alle miteinstimmen in das Lob Gottes im Lied. Gerade der Gesang war immer schon eine besonders bevorzugte Ausdrucksweise der Frömmigkeit.

Aus all dem ergibt sich die schlichte Folgerung: Die

Eucharistiefeier kann zu dem, was sie sein soll, nur dann werden, wenn alle mittun. Nur dann kann sie den schenken, den sie feiert, nämlich Gott unseren Herrn, ich möchte fast sagen, wenn wir uns von ihr „verzaubern" lassen.

Eucharistie im heiligen Raum will und muß einfach begeistern, so daß aus dieser Begeisterung auch andere sich mitgenommen fühlen zu Jesus, der Mitte unseres Lebens.

PETER HINSEN

Der heilige Beginn

Es war das Anliegen des II. Vatikanischen Konzils, „daß die Gläubigen bewußt, tätig und mit geistlichem Gewinn" an der Liturgie teilnehmen. Der Gottesdienst ist seitdem lebendiger geworden, nicht nur durch den Gebrauch der Muttersprache, sondern auch durch vermehrte „Rollenträger" wie Lektoren, Kantoren, Schola, Kommunionhelfer und vor allem durch die größere Gestaltungsfreiheit. Heute weiß man es schon gar nicht mehr anders. Aber weiß man auch immer um die Bedeutung der einzelnen liturgischen Elemente? Im folgenden soll der Beginn der Heiligen Messe erklärt werden.

Sich sammeln

Vielen sind die eindrucksvollen Eucharistiefeiern mit Papst Johannes Paul II. während seiner Besuche in Deutschland und anderswo in Erinnerung. Diesen ging und geht jeweils ein Vorgottesdienst voraus, der die Teilnehmer durch Lieder, Gebete und Meditationen auf die kommende Feier einstimmen soll. Aber er hat auch die Aufgabe, die Umstehenden etwas miteinander bekannt und vertraut zu machen. Wichtige Ereignisse benötigen eben eine Vorbereitung, um sie in ihrer Bedeutung erfassen zu können. Was gibt es aber Wichtigeres als die Begegnung mit Gott? Nicht nur wenn der Papst den Gottesdienst leitet, sondern auch wenn „nur" ein junger Kaplan oder ein alter, ermüdeter Priester der Gemeinde vorsteht, sollte für die Vorbereitung große Sorgfalt verwandt werden.

Freilich wird die Einführung in den Gottesdienst im

Normalfall in einer Gemeinde anders aussehen, als bei den genannten päpstlichen Gottesdiensten in riesigen Stadien. Ein Teil dieser „Statio", wie diese Einführung oft genannt wird, kann bereits daheim geschehen. Wer die Texte der Verkündigung schon vorher gelesen und bedacht hat, wird sie viel aufgeschlossener im Gottesdienst hören und interessierter die Auslegung in der Predigt verfolgen. Für viele Lektoren ist dies ganz selbstverständlich.

Wichtig ist aber auch bereits der Weg zur Kirche und der Eintritt in das Gotteshaus. Eine ungezwungene Kontaktaufnahme der Gemeindemitglieder untereinander macht bewußt, daß sie sich als Gemeinschaft zur Feier versammeln. Wer neu in eine Gemeinde hinzugezogen ist, sollte im Gottesdienst eigentlich die beste Gelegenheit finden, Verbindungen zu knüpfen. Aber wie sieht die Wirklichkeit aus? Oft grüßen sich noch nicht einmal die Nachbarn.

In diesen Rahmen der weiteren Gottesdienstvorbereitung gehören auch die nötigen Hinweise über den Verlauf der Feier, um diese von „Regieanweisungen" möglichst freizuhalten. Doch dann, unmittelbar vor dem Gottesdienst, darf auch die Stille nicht fehlen. Nicht umsonst versammeln sich in vielen Klöstern die Mönche und Nonnen vorher im Kreuzgang, um sich innerlich einzustimmen, bevor sie in die Kirche einziehen. Eine ähnliche Vorbereitung ist für jeden wichtig, der wirklich „mit geistlichem Gewinn" mitfeiern will. Oft ist dabei ein meditatives Orgelspiel eine gute Begleitung. Diese Stille sollte aber auch im Chorraum und in der Sakristei herrschen. Unnötige Wichtigtuerei und Geschäftigkeit stören bei der Sammlung und lenken ab. Daß Nachzügler besonders unangenehm auffallen, ist zu bedauern, aber die wohltuende Ruhe kann vielleicht manchen in Zukunft zu rechtzeitigem Erscheinen veranlassen.

Wir ziehen ein

Wenn im alten Rom der Kaiser in einem Tempel, in der Arena oder in einem Palast auftrat, wurde der Einzug mit Gesängen begleitet. Manches Mal wird man daran erinnert, wenn die modernen Könige und Kaiser des Fußballs beim Einlaufen ins Stadion von den Fans mit Schlachtrufen und Huldigungen empfangen werden. Ist es da verwunderlich, daß Lieder erklingen, wenn der König der Könige Einzug hält?

Wenn der Priester mit jenen, die einen besonderen Dienst am Altar und Ambo versehen, die Kirche betritt, singt die Gemeinde ein Lied, den „Introitus". Diese Huldigung gilt aber nicht dem Priester, sondern Christus, den der Priester bei der Eucharistiefeier vertritt. Dies wird deutlicher in der großen Einzugsprozession bei feierlichen Gottesdiensten, wenn das Bildnis des Gekreuzigten, umgeben von den Trägern des Rauchfasses und der Leuchter mit brennenden Kerzen, den Zug anführt und wenn der Diakon das Evangelienbuch, das Wort des Herrn, erhoben trägt. Christus ist der Herr der Gemeinde. Ebenso weisen die verschiedenen Referenzen gegenüber dem Altar auf Christus hin, der „Priester, Opfer und Altar zugleich" ist.

Es ist auch möglich, den Eingangsgesang durch Orgelspiel oder gar durch Schweigen zu ersetzen. Auch das können Zeichen der Ehrfurcht sein. Welch plötzliche Stille macht sich breit, wenn im Bundestag der Präsident des Hauses eintritt und seinen Platz einnimmt? Aber dem Gesang ist beim Gottesdienst der Vorzug zu geben, weil hier bereits alle auf ihre je eigene Weise mitwirken und sich als Gemeinschaft darstellen können.

Kreuzzeichen

Die eigentliche Eröffnung der Messe erfolgt „im Namen des Vaters und des Sohnes und des Heiligen Geistes", begleitet vom Zeichen des Kreuzes. Dieser knappe Ritus ist einfach und unverwechselbar christlich. Er ist mehr als nur ein Zeichen, er ist ein Glaubensbekenntnis.

Im Kreuz ist unser Heil. Der große Theologe Romano Guardini hat über das Kreuzzeichen geschrieben: „Es ist das Zeichen der Erlösung. Am Kreuz hat unser Herr alle Menschen erlöst. Durch das Kreuz heiligt er den Menschen, ganz bis in die letzte Phase seines Wesens." Das Kreuz, im Altertum Zeichen der Schmach, wurde durch Christus zum Zeichen des Sieges. Am Kreuz wurde die Herrschaft des Bösen und die Macht des Todes gebrochen. Das Kreuz wurde zum Zeichen der Herrschaft Gottes. Das ist der eine Aspekt, unter dem das Kreuzzeichen zu betrachten ist, der andere besteht darin, daß das Kreuzzeichen im Christentum mit einer Glaubensformel zum Dreieinigen Gott verbunden wurde und so zugleich als Glaubensbekenntnis zu werten ist. Damit ist das Kreuzzeichen immer auch ein Segen, der etwa so wiedergegeben werden kann: „Ich bezeichne mich mit dem Kreuz, um mich in die gnadenvolle Beziehung zum Vater, Sohn und Heiligen Geist zu setzen, um die Kreuzesgnade, welche Gnade des Dreieinigen ist, über mich und andere herabzuziehen" (L. Eisenhofer).

Schon sehr früh wurde das Kreuzzeichen zur typisch christlichen Segensgeste. Für die konkrete Form der Selbstsegnung gibt es verschiedene Erklärungen. So sehen manche darin eine Nachbildung des Berichtes über die Taufe Jesu (Mt 3,16f): Die Hand an der Stirn ist ein Zeugnis für den Vater, den unsichtbaren Schöpfer; die Hand an der Brust soll die Menschwerdung Gottes in Jesus Christus begründen; und die Bezeichnung der beiden Schultern schließlich weist auf den Heiligen Geist hin, der das „Band zwischen Vater und Sohn" genannt wird.

Das Kreuzzeichen ist immer mit einem Bekenntnis zur göttlichen Dreifaltigkeit verbunden. Es ist nie Symbol für Christus allein, sondern immer auch für den Vater und den Heiligen Geist, denn der Kreuzestod und die dadurch gewirkte Erlösung ist das Werk des Dreifaltigen Gottes.

Wenn der Priester mit diesem Zeichen und diesen Worten die Eucharistiefeier eröffnet, macht er zugleich deutlich, in wessen Namen er dies tut. Die Gemeinde bestätigt mit ihrem Amen, daß sie den Priester als Stellvertreter des eigentlich Handelnden anerkennt. Was der Priester zu tun wagt, kann er nur im Namen Gottes vollbringen.

Gruß

Wenn ich in ein Haus komme, zumal wenn ich dort zu einem Mahl eingeladen bin, verfliegt manches von der ersten Nervosität und Unsicherheit, wenn der Gastgeber mir nochmals versichert, daß ich ihm willkommen bin. Sein Blick, sein Wort, seine Gestik ist für mich wichtig, um zu erkennen: Hier darf ich bleiben; hier kann ich mich wohlfühlen.

Eben dies geschieht bei der Eucharistiefeier, wenn der Priester im Namen des Gastgebers die Geladenen begrüßt. Es gibt hierfür mehrere Formeln, die aber inhaltlich alle in dem knappen Wunsch enthalten sind: „Der Herr sei mit euch!" Es ist wie im sonstigen Leben auch: Mal ist die Begrüßung etwas kürzer, mal etwas ausgiebiger.

Dieser Wunsch wäre aber falsch verstanden, wenn man daraus etwa einen Zweifel heraushören würde, ob der Herr wirklich mit uns ist. Das ist keine Frage: Er ist mit uns. Aber wir sollen dies auch erfahren dürfen. Das war das Anliegen Jesu während seines ganzen irdischen Wirkens. Das ist es auch heute, wenn er uns in Wort und Mahl begegnet.

Wie jeder frohe Gastgeber, so streckt uns auch der Priester bei der Begrüßung im Namen Jesu die Arme entgegen. Dieses Zeichen soll eine Umarmung des ganzen

Volkes andeuten. Leider ist diese Absicht häufig aus der Haltung des Priesters nicht ersichtlich, da sich die Grußgeste nicht wesentlich von der Gebetshaltung unterscheidet. Dieses Ausbreiten der Arme ist aber kein an Gott gerichtetes Gebet, sondern ein Friedensgruß für alle Anwesenden.

Wie ist aber die Erwiderung der Gemeinde zu verstehen? Als Ministrant habe ich früher oft und oft geantwortet: „et cum spiritu tuo", ohne irgendeine Fragwürdigkeit dabei zu empfinden. Das änderte sich, als ich das gleiche in deutscher Sprache hörte: „und mit deinem Geiste". So spricht doch kein Mensch, wenigstens nicht bei uns und nicht in unserer Zeit. Wäre es nicht besser zu sagen: „und auch mit dir"? Dagegen sträubt sich mein sprachrhythmisches Empfinden, obwohl es sachliche Gründe dafür gäbe. Viele Kenner der Liturgie sehen in dem Wort „Geist" lediglich eine vornehmere Umschreibung für „Person". Aber mir gefällt auch die Deutung des unlängst verstorbenen Seelsorgers und Liturgiewissenschaftlers Theodor Schnitzler, daß damit an den Heiligen Geist erinnert werde, den der Priester durch die Weihe empfangen hat. Er sieht sich in dieser Ansicht bestätigt durch seinen Kollegen Balthasar Fischer, der sagt: „et cum spiritu tuo – das kürzeste Gebet für den Priester." Wenn man um diese Deutungsmöglichkeit weiß, klingt diese uralte Antwort gar nicht mehr so unmöglich.

Abwechslung erfreut

Bei der Gestaltung der Eröffnung des Gottesdienstes wird Priester und Gemeinde ein großer Freiraum überlassen, um schöpferische Abwechslung einzubringen. Diese ist nicht nur zugelassen, sondern durchaus gewünscht. Aber wer in einer Gemeinde gelegentlich mit Gruppen – nicht nur mit Jugendlichen – einen Gottesdienst vorbereitet, der spürt, wie schwierig dies ist, wenn es an der Kenntnis der liturgischen Symbole mangelt. Oft findet sogar einer, dem die Liturgie völlig fremd ist, bei einer Begegnung mit ihr leichter zu ihrem Gehalt als einer, der durch jahrelange Gewöhnung für ihre Sprache nicht mehr empfänglich ist. Hier kann Abwechslung wirklich eine Hilfe sein, aber nur wenn sie in Treue zu dem eigentlich Gemeinten erfolgt. Da die Zahl derer, die in der Liturgie kundig sind, wie Priester, Küster, Organisten usw. immer mehr zurückgeht, ist es um so notwendiger, daß in einem breiten Kreis von Laien Interesse dafür geweckt wird. Dies sage ich nicht nur im Blick auf das Wohl des Gemeindegottesdienstes, sondern auch zum Wohl des Einzelnen, denn der Wissende feiert die Liturgie leichter „tätig und mit geistlichem Gewinn".

Herr, wir kommen schuldbeladen... 3

Wer darf Gott begegnen? –
Wer ein reines Herz hat.

Einzelthemen:

Wir haben gesündigt
Christus ist der Herr
Vergebt auch ihr!

ANTON DOSENBERGER

Wir haben gesündigt

Wozu am Beginn jeder heiligen Messe von Sünde reden? Weshalb also jedesmal der sogenannte Bußakt? Haben wir ihn tatsächlich „all-werktäglich" oder „all-sonntäglich" nötig? Sind wir so schlecht? Oder meint das die Kirche nur?

Gewiß sind wir nicht nur schlecht. Aber zugegeben, wir sind es auch, „manchmal sogar öfter". Bisweilen merken wir es gar nicht oder tun nur so, als ob...

An dieser Erkenntnis führt kein Weg vorbei, wenn wir ehrlich sind, besonders gegenüber uns selbst.

Nicht weil die katholische Kirche eine besondere Vorliebe für die Sünde hätte, wie ihr gelegentlich spöttisch nachgesagt wird, steht die „kleine Bußfeier" am Anfang jeder Messe. Vielmehr gilt: Wenn wir zum Bekenntnis unserer Schuld vor Gott und einander aufgefordert werden, stehen dahinter zahlreiche lebensnahe und glaubenstiefe Überlegungen. Hier einige davon, mit denen man sich immer wieder vertraut machen muß, um den Bußakt am Beginn der heiligen Messe wirklich annehmen und mitfeiern zu können.

Ohne Umkehr kein Heil

Papst Paul VI. hat, angeregt durch das Zweite Vatikanische Konzil, die Neuordnung der Meßliturgie durchgeführt und 1969 das neue „römische Meßbuch" veröffentlicht.

Darin gehört ein eigener Bußakt zur Eröffnung der heiligen Messe. Nicht völlig Neues wurde damit eingeführt. Der Bußgedanke stand immer schon als Leitmotiv über der Meßliturgie und trat auch bisher an einigen Stellen besonders hervor, so zum Beispiel beim „Confiteor", „ich bekenne", am Anfang der Messe, beim Vater-unser-Gebet und beim Lamm-Gottes-Ruf unmittelbar vor dem Kommunionempfang.

Nun aber hat das wichtige Element der Buße und Umkehr einen besonderen Platz im Einführungsteil der Messe bekommen, sozusagen als Tor zum Heiligtum, als Vorbereitung und Hinführung zum Kern des Geschehens nach dem urchristlichen Glaubensgrundsatz: Ohne Umkehr kein Heil.

Ziel dieses Bußaktes ist nach Papst Paul VI. die „Versöhnung mit Gott und den Brüdern".

Darin spiegelt sich die Grundüberzeugung des Christentums wider: Solange der Mensch in der Sünde verschlossen bleibt, findet er weder zu sich selbst, noch zu Gott, noch zur menschlichen Gemeinschaft. Ohne Öffnung ist wirkliche und dauerhafte Begegnung und Geborgenheit bei Gott und bei Menschen nicht möglich. Das gilt besonders für die Eucharistie.

So soll der Einführungsteil der Messe die versammelte Gemeinde zu einer wirklichen Gemeinschaft verbinden und sie befähigen, in rechter Weise das Wort Gottes zu hören und würdig die Eucharistie zu feiern.

Der Gedanke der Abwendung vom Bösen und der Hinwendung zu Gott als Voraussetzung zur wirklichen Gottesbegegnung ist gar nicht so neu. Er ist nicht einmal ausschließlich christlich. Bereits im alten Judentum spielt er in der Predigt der Propheten und Gottesmänner eine bedeutende Rolle. Immer ist von der Umkehr die Rede, bevor Friede und Heil eintreten können. Ja man kann sagen, daß der Gedanke der Umkehr allen Religionen gemeinsam ist. Es handelt sich um eine allgemeine religiöse Grunderfahrung. Auch das Zeitalter Jesu wird von seinem Vorläufer, dem Täufer Johannes, mit dem Umkehr-Ruf „Denkt um!" eingeleitet.

Ein bayerischer Abgeordneter hat diesen Appell in einer großen Rede vor dem deutschen Bundestag vor Jahren einmal deftig und anschaulich so formuliert: „Setzt einen anderen Schädel auf!" Gar nicht so falsch! Ich würde gerne hinzufügen: „Und ein anderes Herz ein!"

Der Täufer Johannes schont seine Zuhörer nicht. Heutige Christen wären entrüstet und beleidigt, würde ihnen ein Prediger so begegnen: „Ihr Schlangenbrut, wer hat euch gelehrt, daß ihr dem kommenden Gericht entgehen könnt?" (Mt 3,7)

Wir dagegen werden heute zu Beginn der Eucharistiefeier freundlich „eingeladen", über unsere Sünden nachzudenken und Gott und unsere Mitmenschen um Vergebung zu bitten. Ohne Umkehr kein Heil. Dieser Grundsatz wird auch von Jesus und seinen Aposteln unmißverständlich verkündet. Oder bleibt etwa Zweifel, wenn Jesus erklärt: „Das sage ich euch, wenn ihr nicht umkehrt und werdet wie die Kinder, könnt ihr nicht in den Himmel kommen" (Mt 18,3)?

Ebenso eindringlich und überzeugend klingt sein Umkehrruf: „Ein neues Gebot gebe ich euch, liebt einander! Wie ich euch geliebt habe, so sollt ihr einander lieben. Daran werden alle euch erkennen, daß ihr meine Jünger seid: daß ihr einander liebt!" (Joh 13,34)

Damit sind die Akzente auch für den Gottesdienst und besonders für die Tischgemeinschaft der Eucharistie klar gesetzt: Wer zu Gott gehören und an einem Tisch mit ihm Platz nehmen will, muß sich zuvor fragen, wie es innerlich um ihn steht, wie sich sein Leben dazu verhält.

Wer sich zu keiner Umkehr-Haltung durchringen kann, ist auch nicht in der Lage, die Botschaft Jesu zu verstehen und seine Hingabe an Gott, die sich in jeder Eucharistie wiederholt.

Deshalb also besitzt der Bußgedanke eine Schlüsselfunktion gerade in der Eucharistiefeier, der ganz und gar auf der Ebene des Evangeliums liegt.

Nicht ohne die anderen!

Der Beginn der Eucharistiefeier ist zu vergleichen mit dem Eintritt in ein Haus, in eine festliche Gesellschaft oder in eine sehr persönliche, tiefe, menschliche Begegnung. Das heißt, daß man sich darauf einzustellen hat, äußerlich und innerlich. Freilich liegt bei der Begegnung im Hause Gottes der Schwerpunkt nicht so sehr auf der äußeren Aufmachung als vielmehr auf der inneren Einstellung.

Auch in diesem Gedankengang knüpft der Bußakt an alte, wiederum nicht nur christliche Traditionen an. Der Mohammedaner zieht die Schuhe aus, wenn er den Tempel betritt, und der gläubige Jude unterzieht sich vor dem Festmahl und dem Gottesdienst einer gründlichen Reinigung des Körpers. Der Staub der Straße muß abgeschüttelt werden, wenn man dem Heiligsten begegnen will.

Jesus fügt sich als Sohn gläubiger Juden in diese Tradition ein. Aber er läßt keinen Zweifel daran, daß es letztlich nur auf die innere Reinheit ankommt und die gewaschenen Hände und Füße nicht so wichtig sind.

Der Bußakt redet nicht nur von Sünde und Umkehr, sondern gibt jedem Gläubigen die Möglichkeit, hier und jetzt, zusammen mit seinem Mitmenschen und der ganzen Gemeinde ernstzumachen mit seiner Umkehr und Gott und die Mitmenschen um Vergebung zu bitten. Auch darin weht der Geist des Evangeliums, in dem gefordert wird, sich mit dem Bruder zu versöhnen und dann erst die Gaben zum Altar zu bringen.

Eine frühchristliche Gemeinderegel fordert vor der Eucharistiefeier eindeutig „einander die Sünden zu bekennen, damit euer Opfer rein sei".

Deutlich wird darin gesagt, daß man nicht ohne den Mitmenschen zu Gott kommen kann. Schuld trennt von Gott und vom Menschen, läßt also gegenseitig nicht unberührt. Das ist der sogenannte „umweltschädigende"

Charakter des Bösen. Also kann auch Versöhnung im wahrsten Sinne nur dann stattfinden, wenn diese Umwelt, sprich der Mitmensch, mit einbezogen wird.

Ich bin überzeugt, daß die Bußfeier am Anfang der Messe den Gläubigen besonders hilft, auch diese Seite von Sünde und Vergebung zu bedenken.

Lebensnah und lebensnotwendig

Schließlich ergreift der Bußakt den Menschen in seiner tatsächlichen Lebenssituation, die an vielen Stellen von Sünde und Schwachheit gezeichnet ist und geradezu nach Befreiung und Erlösung schreit. Wer das leugnet, kann oder will nicht sehen, wie das Leben wirklich ist.

Täglich bleiben wir alle hinter den Erwartungen Gottes und denen unserer Mitmenschen zurück. Wir bleiben also etwas Gutes schuldig. Dabei muß man die Größe der Sünde nicht gleich übertreiben und überbewerten. Wir sind tatsächlich nicht immer so schlecht. Dennoch leidet die Gesellschaft, ja die gesamte Welt, immer wieder gerade an dem kleinen täglichen, heimlichen oder offenen Versagen. Ungerechtigkeit, Haß, Krieg, Streit, Benachteiligung werden von jedem, der davon betroffen ist, schmerzlich empfunden. Und dies täglich. Darum brauchen wir auch täglich, oder doch mindestens sonntäglich Vergebung und Heilung.

Aber wer kann helfen und heilen, wenn der Mensch sich und seine Welt zerstört und selbst keinen Ausweg findet? Letztlich – das ist eine wesentlich christliche Glaubensüberzeugung – doch nur Gott selbst.

Deshalb betrachte ich den Bußakt am Beginn der Messe nicht als irgendein nebensächliches Element der Messe, sondern als ersten Höhepunkt, als erste große Begegnung mit dem Gott der Liebe und der verzeihenden Barmherzigkeit.

Wenn auch im Bußakt der Messe keine Lossprechungsformel gesprochen wird, so geschieht doch tatsächlich Vergebung. Unein sind vor allem die Theologen darüber, welche Sünden hier vergeben werden, welche nicht. Eine befriedigende Antwort scheint augenblicklich nicht in Sicht. Für die Praxis des Gläubigen halte ich deshalb für wichtig, daß er die Bußfeier in der heiligen Messe nicht als völligen Ersatz für den persönlichen Empfang des Bußsakramentes betrachtet. Vielmehr gehören beide innerlich zueinander und sollten sich sogar gegenseitig ergänzen. Wer sich diese Sicht zu eigen macht, kann die heilige Eucharistie empfangen, denn er strebt ja in seinem Inneren stets die umfassende Vergebung der Sünde an.

Viele Wege führen zu Gott

Gott schenkt über viele Wege Vergebung der Sünden. Der Bußakt in der Meßliturgie kennt im wesentlichen drei verschiedene Formen oder besser gesagt, Formeln, wobei es selbstverständlich immer um dasselbe Ereignis geht. Bei jeder Formel steht am Anfang die Einladung zu Besinnung und Umkehr. Dann folgt einmal das allgemeine Sündenbekenntnis und die abschließende Vergebensbitte, ein andermal ein abwechselnder Bitt-Ruf um Vergebung, der ebenfalls von dem Vergebensgebet abgeschlossen wird. Und schließlich wird der Kyrie-Gesang als Bitte um Vergebung gesprochen oder gesungen. Er schließt ebenfalls mit der Vergebensbitte.

Darüber hinaus gibt es sogenannte Sonderformen, wie beispielsweise die Besprengung mit geweihtem Wasser als Erinnerung an das Taufversprechen, auch als symbolische Handlung zum Zeichen der Reinigung. Am Aschermittwoch gilt die Auflegung der geweihten Asche als Bußakt.

Ohne Zweifel vertiefen die Bußliturgie zahlreiche menschliche und theologische Gedanken und Deutungen, die hier nicht angesprochen werden können.

Wer sich noch mehr damit auseinandersetzen will,

kommt nicht umhin, den sogenannten allgemeinen Teil des Meßbuches, die „Feier der Gemeindemesse" aufzuschlagen.

Es lohnt sich, wenn man die Lebenskraft und den Reichtum der Vergebung durch Gott inmitten der Gemeinde erfahren will.

PETER HINSEN

Christus ist der Herr

Seltsam, daß der griechische Ruf Kyrie eleison in einer sonst lateinisch geprägten Liturgie enthalten ist. Das hängt mit seiner langen Vorgeschichte zusammen. Der griechische Titel „Kyrios" war in der Antike so inhaltsschwer und durch eine altehrwürdige Tradition ausgezeichnet, daß ihn auch die römischen Cäsaren ohne Zögern übernahmen. Zudem war Latein zwar die Volkssprache, aber die Sprache der Vornehmen und Gebildeten war griechisch.

Kyrios wurden ursprünglich die Sklavenhalter, die Herrscher und Könige genannt. Doch die Erkenntnis, daß auch die Mächtigen dieser Welt einer noch höheren Macht unterstehen, ließ den Kyrios-Titel zu einem der ältesten Gottesnamen werden. In den ägyptischen und semitischen Religionen wurden die Götter als die höchsten Herren des Landes, des Volkes und des Schicksals verehrt und daher meist mit der Formel „mein Herr" angerufen. Ganz besonders galt dies für die Verehrung des Sonnengottes. Ihm wurde vom heidnischen Priester mit einem dreimaligen „Kyrie eleison" gehuldigt, das ein Chor von Jugendlichen wiederholte.

Das Volk Israel hat diese Anrufung für seine Gebete übernommen, nicht zuletzt um zu zeigen, daß nicht der Sonnengott, sondern Jahwe der wahre Kyrios ist. Als im 3. Jahrhundert v. Chr. das Alte Testament ins Griechische übersetzt wurde (diese Übersetzung ist bekannt unter dem Namen Septuaginta), wurde auch für das Judentum der Titel Kyrios wie in der ganzen griechisch-hellenistischen Kulturwelt zum fast ausschließlichen Gottesnamen. Der gläubige Jude bekannte sich mit diesem Ruf zu seinem Gott als dem absoluten Herrn.

Keiner kann zwei Herren dienen

Viele können Kyrios, Herr, genannt werden, aber doch mit unterschiedlichem Gewicht. Es kann sich dabei einfach um eine Anrede handeln, wie wir sie auch den Namen voranstellen. Es kann eine Ehrenbezeugung gegenüber einem Mächtigen oder einem Regenten sein oder aber ein göttlicher Ehrentitel. Die Menschen wußten zu allen Zeiten, daß es letztlich nur einen Kyrios geben kann, der diesen Namen in seiner vollen Bedeutung zurecht trägt. Hier gibt es keine Mehrzahl. Nicht umsonst wird im Alten Testament Jahwe, dessen Name die griechische Übersetzung über 6000mal mit Kyrios wiedergibt, als ein eifersüchtiger Gott geschildert. Er ist der „Herr der Herren" (Dt 10,17; Ps 136,3).

Wer glaubt, mehreren Herren dienen zu können, der wird innerlich gespalten. Jesus greift in seiner Predigt das alte Sprichwort auf: „Niemand kann zwei Herren dienen" (Mt 6,24).

Er warnt vor dem Versuch, einerseits Gott als den Kyrios anzuerkennen, aber zugleich vom Geld abhängig zu sein. Ein solches Bemühen ist in seinen Augen zum Scheitern verurteilt. Eine klare Entscheidung ist gefordert. Gleiches gilt für andere „Herren", religiöse oder politische. Paulus verwirft daher die „vielen Götter und Herren der Heiden" (1 Kor 8,5), also den heidnischen Kult. Viele glaubten nämlich, es sei möglich, ein bißchen Christus und ein bißchen den heidnischen Göttern zu huldigen. Besonders aktuell wurde dies für die junge Kirche in der Auseinandersetzung mit dem Absolutheitsanspruch des römischen Kaiserkultes, der die Anerkennung des Kaisers als göttlichen Herrn forderte.

Es bedarf immer wieder der Gewissenserforschung, ob nicht auch wir im täglichen Leben mehreren Herren dienen, oft ohne es wahrhaben zu wollen. Ist der, den wir als Herrn verehren, wirklich der, an dem wir unser ganzes Leben orientieren? Oder leben wir mit allerlei heimlichen und unheimlichen Kompromissen mit anderen Herren? Manchesmal tragen sie auch ganz unpersönliche Namen wie Karriere, Erfolg, Gesundheit oder Genuß.

Der Gekreuzigte ist der Herr

Man kann es kaum ermessen, wie wahnwitzig die Behauptung der ersten Christen in den Ohren ihrer Zeitgenossen klingen mußte: „Der Gekreuzigte ist der Herr." Das stellte alles, was bisher galt, auf den Kopf. Nicht mehr der Sklavenhalter ist der Kyrios, sondern der Sklave.

Diese Einsicht gründet in der Erfahrung der frühen Gemeinde mit dem auferstandenen Herrn. Sie erlebte, daß die Botschaft Jesu – trotz des Widerspruchs der klugen Leute – die Wahrheit ist, daß der Weg der Liebe trotz Kreuz zum Leben führt. Die Erhöhung Jesu zur Rechten des Vaters ist die eindeutige Bestätigung durch Gott selbst. Darum ist kein Titel für ihn zu hoch, um seine Bedeutung auszudrücken. Es gibt für die junge Kirche keine höhere Autorität als Jesus. Zwischen ihm und Gott läßt sich nicht mehr trennen. Das Bekenntnis „Jesus ist der Herr" besagt zugleich: Er ist Gottes Sohn!

Paulus hat dieses Bekenntnis, das damals bereits beim Herrenmahl gesprochen wurde, während seiner Gefangenschaft in Ephesus zu einem Christuslied geformt, das er an die Gemeinde der Philipper geschickt hat: „Er war Gott gleich, hielt aber nicht daran fest, wie Gott zu sein, sondern entäußerte sich und wurde wie ein Sklave und den Menschen gleich. Sein Leben war das eines Menschen; er erniedrigte sich und war gehorsam bis zum Tod, bis zum Tod am Kreuz.

Darum hat ihn Gott über alle erhöht und ihm den Namen verliehen, der größer ist als alle Namen, damit alle im Himmel, auf der Erde und unter der Erde ihre Knie beugen vor dem Namen Jesu und jeder Mund bekennt: „Jesus Christus ist der Herr' – zur Ehre Gottes, des Vaters" (Phil 2,6-11).

In einer Welt, in der das Bekenntnis „Herr ist der Kaiser" verlangt wurde, mußte diese Christushuldigung als Herausforderung empfunden werden. In diesem Bekenntnis ist jedoch knapp und vollständig der ganze Christusglaube enthalten.

Dieser Herr setzt sich nicht einfach statt anderer auf den Thron, sondern der Thron wird durch das Kreuz ersetzt. Jesus bezeichnet sich zwar in aller Deutlichkeit als König, aber dieses Königtum ist von ganz anderer Art, als die Welt es kennt. Es ist nicht gegründet auf die üblichen Machtmittel. Während die Machthaber dieser Welt die Truppen für sich kämpfen lassen und über Leichen gehen, ist er schutzlos dem Spott und den Schlägen ausgeliefert. Anders als die Pharaonen und Cäsaren hat sich dieser König zum Knecht, Freund und Bruder gemacht.

Es ist klar: Die Autorität dieses Königs kann nicht von dieser Welt kommen, sondern nur „von oben", von Gott (Joh 18,33-37). Genau das ist durch die Auferstehung und Himmelfahrt Jesu bestätigt worden.

Ein weiteres Zeugnis aus der Liturgie der frühesten christlichen Zeit ist der Gebetsruf, mit dem die Bibel schließt: „Maranatha", d.h.: „komm, Herr!" (Offb. 22,20). Er durfte bei der Gemeinde, die in Bälde die Wiederkunft Jesu erwartete, in keinem Gottesdienst fehlen.

Der Herr ist der Retter

Wo Huldigung laut wird, sind immer auch Bitten zu hören. Wo Menschen spüren, daß Gott am Werk ist, da drängt es sie zu rufen: Kyrie eleison; Herr erbarme dich. Genau dieser Ruf ist aus vielen Menschen hervorgebrochen, die Jesus begegnet sind. Selbst die heidnische Frau konnte nicht umhin, für ihre Tochter um Erbarmen zu flehen (Mt 15,22). Dieser Ruf ist seither nicht mehr verstummt.

Zu Unrecht wird die Bitte gelegentlich als ein Gebet zweiter Klasse eingestuft. Auch die Bitte kann eine Form des Lobpreises sein. Dieser lebt aus der Hoffnung. Einen verständnislosen und hartherzigen Despoten mit Bitten zu bestürmen, wäre unsinnig. Unser Herr ist barmherzig!

Gottesdienst – Dienst für unseren Herrn

Jetzt verstehen wir vielleicht ein wenig besser, welch dichter Gehalt in dem knappen Kyrie steckt: Bekenntnis, Huldigung und Bitte. Das Kyrie war in der frühen Zeit vor allem das Gebet der Laien. An ihm konnten auch die Taufbewerber, die von der Eucharistiefeier noch ausgeschlossen waren, teilnehmen. Diese Rufe bildeten die Antwort auf die biblischen Texte des Wortgottesdienstes. Wer die frohe Botschaft von der Barmherzigkeit Gottes gehört und in seinem Inneren erwogen hat, den drängt es, sich mit seinen Bitten an diesen Gott zu wenden. Am Ende des Wortgottesdienstes wurde darum eine Fülle von Gebetsanliegen vorgetragen, die das Volk unterstützte mit dem Ruf: Kyrie eleison. Diese Kyrie-Litanei wurde schließlich so umfangreich – wohl weil hier auch das leseunkundige Volk ohne Mühe sich beteiligen konnte –, daß Papst Gregor I. (590-604) die Zahl der Anrufungen so beschränkte, daß nur noch je dreimal Kyrie, Christe und Kyrie eleison zu sprechen oder zu singen waren.

Diese Dreiteilung des Kyrie hat gelegentlich zu der Vermutung geführt, daß es sich hierbei um eine Huldigung des Dreifaltigen Gottes handeln könnte. Doch diese Annahme ist falsch. Der Blick in die frühchristliche Liturgie zeigt eindeutig, daß dieser Ruf an Christus gerichtet ist.

Die alte, mit Bitten verbundene Litanei ließ sich aber nicht verdrängen. Sie war so volkstümlich, daß sie sich im

Rahmen der Volksliturgie bei Andachten und Prozessionen um so mehr ausbreitete. Bei Kriegen diente sie sogar als Schlachtruf. Aus ihr haben sich die ältesten Formen des deutschen Liedes, die „Leisen" entwickelt. Die alten Kirchenlieder sind ohne den Schlußruf „Kyrieleis" kaum denkbar. Dem urmenschlichen Bedürfnis bitten zu dürfen, entsprach das Konzil durch die Wiederbelebung des Fürbittgebetes als Abschluß des Wortgottesdienstes, wobei der Ruf „Herr, erbarme dich" durchaus erneut erklingen kann.

Die liturgische Trennung des Kyrie von den Bitten und die Nähe zum Schuldbekenntnis führten vor allem seit der Aufklärungszeit dazu, daß es vorrangig als Bußgebet verstanden wurde. Dieses Mißverständnis bestimmt auch gegenwärtig die Gestaltung vieler Gottesdienste. Dies ist zwar kein schwerwiegender Fehler, aber die Struktur würde deutlicher, wenn das Kyrie erst nach der Vergebungsbitte als Lobpreis auf den barmherzigen Gott erklingen würde.

Die Liturgiereform des II. Vatikanischen Konzils hat bestimmt, daß jeder Ruf in der Regel nur einmal wiederholt wird, „doch kann man auch weitere Wiederholungen oder kurze Texteinschübe anfügen, sofern sich dies aus der konkreten Gestaltung der Feier ergibt" (Meßbuch). Eines ist jedoch unabdingbar: Es soll das ganze Volk daran beteiligt sein.

Die eigentliche Absicht des Kyrie ist die Huldigung. Aber selbst der bedeutende Liturgiewissenschaftler Theodor Schnitzler, der auf diesen Lobpreis großen Wert legt, übersieht nicht die Bedürftigkeit des Menschen: „Kyrie ist kein Hurrageschrei und kein Winseln, sondern Lob aus der Demut, Bitte aus preisendem, anbetendem Staunen."

Herr sagen genügt nicht

Das Kyrie ist ein schönes Lied, heute noch genau so wie ehedem. Aber es ist ein Lied mit Konsequenzen. Ob Jesus für uns in Wahrheit der maßgebende Meister und Verkünder des Gotteswillens ist, das werden unsere Taten zeigen müssen. Allein zu sagen: „Herr, Herr" genügt nicht (Mt 7,21). Das müßten sich gelegentlich auch die liturgischen Eiferer sagen lassen, wenn sie sich streiten, ob diese oder jene Form des Kyrie die richtigere ist. Würde das Kyrie in noch so kunstvollen Formen gesprochen oder gesungen, würde es noch so oft wiederholt und mit Lobpreis oder mit Bitten geschmückt oder sogar überladen, die große Aufgabe bleibt jedem einzelnen gestellt: Christus als Herrn wirklich anzuerkennen und dieses Bekenntnis in seinem Leben in die Tat umzusetzen.

ALOIS FRANK

Vergebt auch ihr!

Was ist leichter: Gott um Verzeihung zu bitten oder einen Menschen? Die tägliche Erfahrung zeigt: Die meisten Menschen haben es viel schwerer, ihre Mitmenschen um die Hand der Versöhnung zu bitten. Trotzdem steht die Forderung Jesu unmißverständlich vor uns: „Nur wenn ihr den Menschen ihre Verfehlungen vergebt, wird euer himmlischer Vater auch euch vergeben" (Mt 6,14). Und an einer anderen Stelle lautet der Aufruf: „Seid barmherzig, wie es auch euer Vater ist" (Lk 6,36)!

Ich will bei Gott gut stehen

Oft höre ich gerade von gläubigen Menschen: „Wenn ich nur wüßte, wie Gott von mir denkt! Wenn ich nur sicher sein könnte, daß ich gut stehe bei ihm!" Ein Wunsch? Eine Hoffnung? Ich glaube, es handelt sich hierbei mehr um Angst und Unsicherheit, man könnte Gottes Gunst verscherzen und wegen der eigenen Sünden von ihm abgelehnt werden. Man braucht ihn doch so notwendig.

Daß jeder Mensch Fehler an sich hat und täglich Fehler begeht, ist eine Binsenwahrheit, die man nicht eigens zu betonen braucht. Trotzdem muß man gelegentlich daran erinnern. Keiner ist zu Lebzeiten ein Heiliger. Und selbst Heilige haben sich vor Gott als Sünder gefühlt. Und sie waren es vermutlich, zumindest zeitweilig. Solange wir leben, tragen wir an uns die Zeichen von Schwachheit und Sünde.

Um so mehr brauchen wir Tag für Tag die Vergebung Gottes. Keiner sollte sich davon ausnehmen.

Und Gott macht es dem Menschen gar nicht so schwer, mit ihm wieder ins Reine zu kommen. Er wartet. Er ist immer bereit zu vergeben, wenn er auch nur das kleinste Anzeichen auf seiten des Menschen erkennt. Und der Kirche hat er aufgetragen, sein Angebot ständig und immer wieder neu weiterzugeben. Das ist schließlich der tiefste Sinn auch des Bußaktes, am Beginn der Eucharistiefeier. Freilich wirkt dieser Bußakt nicht „automatisch" oder nach Art einer Schmerztablette. Vielmehr setzt er die persönliche Bereitschaft jedes einzelnen voraus, auch wirklich umzukehren und Buße zu tun. Jeder muß also das, was der Priester stellvertretend für alle in der Bitte um Vergebung ausspricht, selbst mitbeten und mitvollziehen. Hinzu kommt noch etwas: Unser Herz muß bereit sein, auch all denen zu verzeihen, mit denen wir gestritten haben, ein Zerwürfnis, eine Feindschaft, ein gestörtes Verhältnis haben. Auch denen gegenüber müssen wir uns öffnen, die uns nicht sympathisch sind. Freilich verstehe ich unter dieser „Bereitschaft" den guten Willen, allen Menschen gut zu sein, selbst wenn diese von sich aus einen solchen guten Willen nicht abnehmen oder sich absichtlich dagegen stellen. Man sollte dabei immer an das Wort des Propheten Samuel denken: „Der Mensch sieht auf das Äußere, Gott aber sieht auf das Herz" (1 Sam 16,7).

Wer den Bußakt der Eucharistiefeier in dieser Gesinnung mitmacht, darf innerlich beruhigt bei der heiligen Feier sein und die Kommunion empfangen. Die innere Aufrichtigkeit und der gute Wille zur Umkehr sind entscheidend für die Vergebung der Sünden.

Erlöst auch einander!

Wer in der Eucharistiefeier von seinen Sünden erlöst wurde, ist aufgerufen, in seinem Alltag dieses Geschenk der Barmherzigkeit Gottes auch an andere weiterzugeben.

Allzugern sprechen wir von den sogenannten Segnungen der Eucharistie, die wir an uns selbst erfahren dürfen und von denen wir leben. Und wir reden von der Kraft der Gebete, auf die wir uns stützen, wenn wir unser Christentum verwirklichen. Häufig übersehen wir jedoch, daß wahre Liebe – das gilt besonders für die Liebe Gottes in ihren vielfältigen Geschenken an die Menschen – sich weiterschenken will und muß. Daraus ergibt sich: Wer wirklich Eucharistie feiert, kann das Erlebte nicht für sich behalten. Das wäre ein innerer Widerspruch. Denn auch aus dem Gemeinschaftserlebnis der Vergebung erwächst eine Pflicht. Jeder kommt vor Gottes Angesicht mit derselben „Berechtigung" als Getaufter und mit derselben Hoffnung auf Erlösung. Wie übrigens im Leben keiner ein Einzelgänger ist, so auch nicht vor Gott. Vor ihm stehen wir alle als „sein Volk". Als Brüder und Schwestern, in gleicher Weise von Jesus erlöst und angenommen, ohne Unterschied der Person, als unterschiedslos geliebte Kinder des Vaters im Himmel genießen wir seine Barmherzigkeit. Verträgt es sich damit, wenn wir im Alltag nicht nebeneinander leben, arbeiten und sorgen wollen? Müssen wir nicht gerade aus dieser Erfahrung heraus einander immer wieder annehmen, indem wir verzeihen? Kann man von uns nicht wenigstens den guten Willen verlangen, den Mitmenschen anzunehmen und gelten zu lassen trotz persönlicher Abneigung, Meinungsverschiedenheiten und zeitweiliger Lieblosigkeit?

Hier wird der ganze Ernst der Vergebung der Sünden in der Eucharistie sichtbar. Gebt weiter, was ihr empfangen habt, heißt: Wie ihr erlöst seid, so erlöst auch einander!

Vergebung – täglich geübt

Nicht überall ist bekannt, was die deutschen Bischöfe in ihrem Hirtenschreiben zur Fastenzeit 1967 sagten. Gerade waren die sogenannten „Bußandachten" aufgekommen und erfreuten sich rascher Beliebtheit. Hierzu äußerten sich die Bischöfe vor allem. Sie verwarfen die Bußfeiern nicht. Im Gegenteil, sie begrüßten diese, stellten aber ausdrücklich fest, daß sie keinesfalls „Ersatz" für das Bußsakrament sein dürfen. Vielmehr „soll sie (die Bußfeier) den Geist der Buße in der Gemeinde beleben" und eine „gute Vorbereitung für den Empfang des Bußsakramentes sein".

Im Rahmen dieser Erklärung weisen die Bischöfe auf eine Reihe von Möglichkeiten hin, „durch welche Sünden vergeben werden". An erster Stelle nennen sie die „gläubige Mitfeier der Eucharistie", den Empfang der heiligen Kommunion.

Als weitere Mittel der Sündenvergebung empfehlen die Bischöfe: das Gebet, besonders das Gebet der Reue und Umkehr zu Gott, das Fasten und Almosengeben sowie die Werke der Nächstenliebe.

Auch das gegenseitige Bekennen der Schuld und die damit verbundene Bitte um Vergebung führt zum Nachlaß der Schuld vor Gott. Schließlich dient dazu auch „alles, was aus Liebe kommt; denn ‚die Liebe deckt eine Menge Sünden zu' (1 Petr 4,8)".

Ich wunderte mich damals sehr, solches aus dem Mund unserer Bischöfe zu hören. Seitdem konnte ich manchem überängstlichen Gläubigen mit dem Hinweis auf diese oberhirtlichen Aussagen helfen.

Gewinnt auf diesem Hintergrund der vielen Möglichkeiten der Sündenvergebung der Bußakt im Wortgottesdienst der Eucharistiefeier nicht wieder besonderes Gewicht?

Signale der Versöhnung

Daß es keine Sündenvergebung gibt ohne persönliches Zutun und Mittun und ohne innere Bereitschaft zur Umkehr, habe ich schon erörtert. Worauf es mir nun noch besonders ankommt, ist zu betonen, daß vor allem die

Versöhnungsbereitschaft gegenüber unseren Mitmenschen ausschlaggebend ist, und zwar nicht nur in der Eucharistiefeier, sondern im täglichen Leben. Dazu gibt es viele Wege.

Eine Möglichkeit haben die Bischöfe bereits erwähnt. Man kann sie als Grundelement jeder Versöhnung bezeichnen: Das Bekennen unserer Schuld und die Bitte um Vergebung. Gemeint ist damit: Wer vor seinem Mitmenschen, den er beleidigt oder geschädigt hat, seine Verfehlung zugibt und ihm um Entschuldigung bittet, erhält dafür auch vor Gott Vergebung.

Nun mag es innerhalb der Ehe und Familie verhältnismäßig leicht sein, einander um Vergebung zu bitten, obwohl es auch da zu schweren „Verhärtungen der Fronten" kommen kann. Aufgrund der engen menschlichen Beziehungen fällt es hier im allgemeinen leichter zu sagen: „Vergessen wir es! Lassen wir es wieder gut sein! Ich gebe zu, mich daneben benommen zu haben! Es tut mir leid." Dann ist tatsächlich alles wieder gut, und alle Beteiligten können mit Anstand zur Kommunion gehen.

Schwieriger wird die Lage außerhalb der Familie, im Zusammenleben mit Nachbarn, Mitarbeitern, Vorgesetzten oder Untergebenen. Und dies vor allem dann, wenn die Beleidigten einfach meinen, nicht verzeihen zu können und zu dürfen. Da ist guter Rat manchmal wirklich teuer.

Es gibt auch Menschen, bei denen alles Bemühen um Versöhnung vergebens ist. Selbst wenn man die Schuld ganz auf sich nimmt und um Verzeihung bittet, kommt gerade das Gegenteil heraus. Oft fühlen sich solche Leute, wenn der andere sie um Verzeihung bittet, erst recht bestätigt: Mir ist Unrecht, ein furchtbares Unrecht geschehen. Freilich fehlt es da häufig an Einsicht und Bereitschaft. Ich halte solche Leute eher für bedauernswert. Denn sie tun sich selbst keinen Dienst. Sie isolieren sich nur und quälen sich ab.

Aber was soll man ihnen gegenüber tun? Zunächst finde ich es richtig, etwas Distanz zu halten, um nicht unnötig Anlaß zu neuem Streit zu geben. Zugleich aber sollte man immer wieder, wenn auch vorsichtig, ein Zeichen der Offenheit und Bereitschaft zur Versöhnung geben. Das ist notwendig, selbst wenn es nicht erwidert wird. Ich denke da an den freundlichen Blick, die Erwiderung des Grußes oder auch nur an das aufmerksame Nicken mit dem Kopf. Solche kleine Zeichen können das Feld langsam vorbereiten. Wer dann immer noch nicht begreift, den muß man schließlich Gott und dem Heiligen Geist überlassen, vielleicht schaffen sie es. In solcher Situation kann man nur noch auf das Gebet vertrauen.

Leichtere Konflikte bringt das tägliche Miteinander häufig. Sie lassen sich im allgemeinen bei ein wenig gutem Willen schnell bereinigen. Ich halte es da besonders mit dem Wort des heiligen Paulus: „Laßt die Sonne nicht untergehen über eurem Zorn" (Eph 4,26)!

Faustregeln zur Versöhnung

Hier ein paar Grundsätze oder Faustregeln, die zur Schlichtung von Meinungsverschiedenheiten dienen können:

Im Vordergrund muß das Bemühen stehen, über Mißverständnisse, Fehler und Schwächen miteinander und bald zu reden. Das verhindert Verhärtungen und Verschleppungen.

Den vom anderen angebotenen Gruß nie verweigern! Das gilt auch für den Vorgesetzten gegenüber seinen Untergebenen. Der Gruß ist ein Signal der gegenseitigen Offenheit. Er überbrückt manche Kluft ohne allzu großen Aufwand.

Ein paar gute Worte, sozusagen im Vorübergehen gewechselt, erschließen häufig wieder den Zugang zum anderen. Es kann sich durchaus um belanglose Bemerkungen handeln, die sich auf Alltägliches beziehen.

Auf den Menschen zugehen, ihm weder mit dem Gesicht noch mit den Blicken ausweichen! Gelegentlich kann auch ein spontaner Händedruck etwas erreichen, unter Umständen sogar mehr als viele langatmige Worte und Reden.

Spontane Hilfsbereitschaft setzt in kritischen Verhältnissen mitunter das deutlichste Zeichen der Versöhnung. Eine kleine Aufmerksamkeit, wie beispielsweise die Türe offenhalten, einen hinuntergefallenen Gegenstand aufheben, den Mantel abnehmen, sich anbieten, etwas zu tun, ist ein bescheidener, aber unmißverständlicher Schritt zur Versöhnung.

Freilich muß man immer in Kauf nehmen, auch einmal „abzublitzen". Aber ich finde, daß man auf dieses Risiko eingehen sollte. Die Versöhnung und das Gefühl der Befreiung danach sind es wert.

Dies alles mag deutlich machen, daß die in der Messe und im Leben geübte Umkehr und Versöhnung immer wieder die Liebe zwischen Gott und den Menschen zum Ziel hat. Etwas Wertvolleres gibt es nicht. So ist die Meßfeier auch als Feier der Vergebung ein Erlebnis göttlicher und menschlicher Liebe. Von ihr sagt der Apostel Paulus im 13. Kapitel des 1. Korintherbriefes: „Die Liebe macht alles gut."

Ehre und Dank sei Gott!

Preisgesang im Gloria

Einzelthemen:

Lied aus meiner Seele
Gesang für meinen Gott
Lobt Gott mit eurem Leben!

ANTON DOSENBERGER

Lied aus meiner Seele

Finden wir auf unserer endlosen Suche nach immer mehr und immer neuen Energiequellen auch zu jenem Strom in uns selbst, von dem uns Freude, Zuversicht, Trost und heilende Kräfte zufließen?

Kennen wir noch jene verborgenen Mächte, die unsere Seele trotz allem immer wieder zum Schwingen und Klingen bringen, die uns das innerste Erleben aussprechen lassen, uns heilen und beglücken?

Pillen, Alkohol, Süchte, Rausch, endlose Gier auf endlosen Genuß?

Nein! Sie können es nicht sein. Denn sie brechen nur auf. Zurück lassen sie noch mehr Hunger und Durst, noch einsamere Leere und zerschlagene Sehnsüchte nach Glück. Und sie drängen nach mehr und immer mehr, bis der Mensch schließlich an seiner stofflichen Sehnsucht zugrunde geht.

Das Lied, das in der Seele eines jeden Menschen schlummert, auch wenn er nicht Enrico Caruso, Luciano Pavarotti, Placido Domingo, Maria Callas oder Anneliese Rothenberger heißt, ist ein Geschenk und Lebensquell. Es hat heilende Kraft und macht neben anderen Begabungen den Menschen zum Menschen.

Darum hat Gott uns ein Lied ins Herz und auf die Lippen gelegt. „Wer singen und lachen kann, erschreckt das Unglück" sagt Christoph Lehmann.

Und der große Augustinus empfiehlt: „Der Christ singe auch in Gefahr und Versuchung."

Die Wissenschaft hat festgestellt...

Das ist nicht nur ein lustiger Liedtext aus dem Volksgebrauch. Die Wissenschaft hat tatsächlich festgestellt, nachdem sie sich – wie könnte es anders sein – auch mit dem Lied befaßt hat, daß Singen auch in der modernen Industriegesellschaft immer noch beliebt ist. So stellt Ernst Klusen dar: „Entgegen aller pessimistischen Aussagen vom Sterben des laienmäßig gehandhabten Singens wird hier festgestellt: Fast zwei Drittel singen zuweilen, fast ein Drittel oft, ein kleiner Rest nie. Ein Viertel singt für sich allein. Das Singen ist also ‚ein Vorgang, der seinen mehr oder minder bedeutsamen, aber festen Platz im Leben des einzelnen einnimmt‘.“

So sind also die inneren Energiequellen im Menschen doch noch nicht ganz versiegt. Wünschenswert wäre es, daß dies noch mehr Menschen erkennen würden. Besonders unsere Kirchenbesucher in Stadt und Land, alt und jung, sollten dies wieder einmal so richtig begreifen, so daß man auch vom Kirchengesang sagen könnte: Es war der Gesang der Erlösten... Diese Begeisterung würde sicher noch mehr Menschen anstecken, mehr jedenfalls, als die gescheitesten Argumente und Worte. Das Lied braucht keine Argumente. Es spricht von Herz zu Herz, sicher auch zum Herzen Gottes.

Singen ist menschlich

Jedermann weiß, daß ein Badezimmer nicht nur zum Baden gut ist, sondern auch zum Singen, weil es fast immer eine zumindest schallende Akustik hat. Sie ist mitunter so gut, daß selbst die schlechteste Stimme beinahe so gut klingt wie die eines Opernstars.

Einer meiner Bekannten hat zu seinem Standard-Badelied erkoren: „Das ist der schönste Tag in meinem Leben...“

Und er beteuert immer wieder: „Da kann man so richtig aus sich raus. Das tut gut." Und ich konnte selbst schon vernehmen, wenn die Wellen in der Wanne hochgingen, verstieg auch er sich in die höchsten Töne.

Und ein Pfarrer – nicht gerade ein großer Sänger vor dem Herrn – bekannte mir einmal: „Wenn ich die Sonntagspräfation im Bad richtig durchgeübt habe, dann läuft sie auch am Sonntag im Hochamt…"

Ich denke bei diesen Überlegungen zum Lied auch an den Säugling, der beglückt durch das Schoppenfläschchen, frisch gewickelt, die Mutti in seiner Nähe wissend, zufrieden mit sich und der Welt sein Liedchen trällert. Noch kennt er weder Noten und „Taktgefühl", weder disziplinierte Melodie-Führung noch die Worte zum Lied, da erklingt es aus ihm, das Lied der Schöpfung, der selbstvergessenen, an das Dasein völlig hingegebenen Freude.

Und ich erinnere mich an Sabine: Mit glänzenden Augen, völlig in sich versunken, ganz nahe und doch ganz weit entfernt, summt sie am Fenster stehend, den Wolken am Himmel nachblickend, ihr melancholisches Lied. Ob sie träumt? Natürlich träumt sie, von ihrem Lieben. Sie singt Sehnsucht und Schmerz, das Glück der inneren Nähe zum Geliebten und zugleich die Not, daß sie jetzt nicht bei ihm sein kann.

Und während sie singt und singt und träumt, leidet sie und wird doch zugleich geheilt.

Manchmal macht das Liedchen, vielleicht ein sogenannter Ohrwurm aus der Schlagerkiste oder sogar aus dem Kirchenliederbuch – auch so etwas gibt es noch –, das Geschirrspülen und das Bettenmachen, das Staubsaugen zwar nicht gerade zu einem Sport, so doch leichter und flotter.

Als König David, so berichtet das Alte Testament, von Begeisterung für seinen Gott ergriffen wurde, tanzte er sogar vor der Bundeslade. Als das jüdische Volk in babylonischer Gefangenschaft saß, konnte es nicht mehr singen. Die Harfen hingen an den Weiden. Denn das Volk in Gefangenschaft wollte das Lied seines Gottes nicht in der Fremde singen.

Seit frühen Zeiten singen die Christen zum Beginn der Adventszeit: „Aus hartem Weh die Menschheit klagt... Wann kommt, der uns ist zugesagt?"

Und am Ostermorgen erklingt das frohe Lied: „Christ ist erstanden, Halleluja..."

In tausend Sprachen

Nicht nur jede Sprache kennt das Lied, auch das Lied kennt viele Sprachen. Damit will ich nichts anderes sagen, als daß Lied und Gesang, Musik und Dichtung, die ja eng miteinander verwandt sind, zu den tiefsten und umfassendsten Ausdrucksformen der menschlichen Seele gehören.

Ob er sich freut, ob ihn die Sehnsucht umhertreibt, wenn er das Heimweh nach einem Menschen oder einer geliebten Landschaft, nach dem Zuhause empfindet, wenn Lust und Leid der Liebe sein Herz packen, Angst ihn bedrängt oder Sorge den Tag trübe erscheinen läßt, griff in frühen Zeiten und greift der Mensch auch heute noch zum Instrument, zum Vers, zum Lied, auch zum Lied unter Tränen. Hinauszusagen, hinauszuschreien, leise das zu summen, was in ihm sich bewegt und nicht anders gesagt werden kann, ist die Aufgabe des Liedes.

Begeistern das menschliche Auge Gestalt und Duft der Blume, drängt sich ein Lied auf seine Lippen, auch wenn nur leise gesungen.

Schaut er den am Himmel ziehenden Wolken nach, träumt er von fernen Ländern, von den Weiten und Höhen, dann sagt ein Lied, was er verspürt. So sind die Lieder der Liebe, des Glückes, der Sehnsucht, des Sieges und des Todes, eben aller großen Grunderlebnisse des menschlichen Daseins, unzählig. Wo die Argumente des Verstandes verstummen, beginnt die Sprache des Liedes.

Liebe kann man nicht begründen, aber singen und besingen kann man sie. So beginnt das unsterbliche hohe Lied der Liebe aus dem Alten Testament: „Aus meinem Herzen strömt ein hohes Lied, ich weihe mein Werk dem König..."

Ebenso läßt Glück sich nicht aussprechen. Aber singen und besingen kann man es: „Hosanna, dem Sohn Davids! Hochgelobt, der da kommt im Namen des Herrn..." Dieser Preisgesang beim Einzug Jesu in seine Stadt drückt das Glück der Menschen seiner Zeit aus: Jetzt ist der Messias gekommen. Er wird uns heilen und befreien. Das Gloria-Lied der heiligen Messe ist ein solcher Gesang des Glückes, eines Glückes, das nur von Gott kommen kann.

Selbst der unmenschliche Tod läßt noch den Trost im Lied zu: „Auch ein Klagelied zu sein im Munde der Geliebten, ist herrlich" singt der Dichter Schiller in seiner Totenklage.

Auch im kleinen Alltag kann ein Lied dazu helfen, die Seele freizumachen, dem Gefühl freien Raum zu geben und es sich leben und ausleben zu lassen. Das ist so unendlich notwendig und wichtig.

Im Lied besingt also der Mensch die Freude am Dasein, seine Zustimmung zum Leben, die Harmonie, die Entspannung, die festliche Gestimmtheit, aber auch die tiefen Nöte seines Daseins.

Singen, so stellen Forscher der Gegenwart fest, ist eine menschliche Tätigkeit, die durch keine andere ersetzt werden kann. Fast ohne Ausnahme hat jeder Mensch das Bedürfnis, sich in dieser oder jener Situation singend zu äußern. Singen ist so eine wesentliche Lebensäußerung des Menschen, Ausdruck seines Befindens, „ein menschliches Grundverhalten", für das es keine Alternative gibt.

Verändert die Welt

Die Kraft des Liedes ist unabschätzbar und vielfältig. Hier nur einiges dazu.

Das Lied steigert nicht nur das Wohlbehagen und die Freude, sondern schafft Kontakt zur Umwelt, Natur, zur Umwelt Mensch, wirkt also gemeinschaftsbildend: „Ich singe mit, wenn alles singt/Und lasse, was dem Höchsten klingt,/Aus meinem Herzen rinnen", heißt es bei Paul Gerhardt. Martin Buber läßt den Rabbi Pinchas von Korez sagen: „Wenn ein Mensch singt und kann die Stimme nicht erheben, und es kommt ein anderer und will mit ihm singen und erhebt die Stimme, dann kann auch er wieder die Stimme erheben. Das ist das Geheimnis des Haftens von Geist an Geist."

Geselligkeit und Solidarität klingen ebenfalls im Lied mit. Wer dieselbe Sprache spricht, dieselben Lieder singt und denselben Rhythmus kennt, gehört zu demselben Geist, zu demselben Herzen, Stämmen und demselben Volk. Nicht zuletzt deshalb kennen alle Völker und Staaten ihre eigene, mit besonderer Hochachtung und Liebe gepflegte Nationalhymne.

Und wie oft, schon in Kindertagen, tröstet und heilt ein Lied? Wer denkt nicht gerne an die Liedchen seiner Mutti zurück? Wenn der Schlaf nicht kommen mag, wenn die großen und kleinen Wehwehchen des Alltags schmerzen? Vielleicht kennen Sie, liebe Leser, noch die eine oder andere Melodie? Sie sollten sich nicht genieren, sie wieder einmal vor sich hinzusummen.

Singen ist göttlich

Auch das größte aller Geheimnisse, Gott selbst, hat dem Menschen immer wieder ein Lied entlockt. Lied und Gesang wurden bereits bei sehr frühen Kulturvölkern als Sprache der Geister bezeichnet. Ja man glaubte, den Geistern die Fähigkeit zum Lied zu verdanken. Doch auch in den sogenannten Hochkulturen ist die Überzeugung vorhanden, daß der Gesang etwas Göttliches ist. So schreibt Meng Tzu, einer der größten Denker des alten China: „Die allgemeine Verbreitung von Gesang und Musik bringt eine allgemeine Atmosphäre des Friedens hervor... Musik drückt die Harmonie des Weltalls aus... Musik steigt vom Himmel herab."

Ähnliches gilt für die Dichter der griechischen und römischen Antike. Die Göttin Muse war der Quell aller Eingebungen. Sie schenkte Gesang und war selbst Gesang.

Das alte Judentum war von der Überzeugung getragen, daß der Gesang von Gott kommt und den Menschen mit Gott verbindet. So betet der Psalmist: „Herr, tu auf meine Lippen, und mein Mund wird verkünden dein Lob" (Ps 51,17).

Von Anfang an besitzt das Lied im Christentum die verbindende Kraft zwischen Gott und Mensch.

Der Mensch singt, weil Gott zuvor gesungen hat. So lautet ein uraltes Wort. Und: „Gott war der erste Sänger, singend schuf er die Welt. Glaubt mir, daß Er sie singend heut' noch in Händen hält."

Und Hermann Claudius sagt: „Er lächelt, wenn er uns singen hört." Und schließlich noch einmal Paul Gerhardt: „Das, was mich singen macht/ist, was im Himmel ist." Wenn der Mensch singt, dann ist er sozusagen das Echo von Gottes Singen, das in der Schöpfung wiederklingt.

Wie traurig wäre also die christliche Gemeinde, wenn sie es nicht fertig brächte, in ihrem Gottesdienst, dem Dienst am Höchsten, zu singen, froh zu singen und ihr ganzes Herz zu bringen?

Karl Barth sagt einmal: „Eine Gemeinde, die nicht singt, ist keine Gemeinde."

„Mehr als Worte sagt ein Lied", lautet der Beginn eines modernen Liedtextes.

Ich glaube, daß ich diesen Beitrag nicht abschließen darf ohne Dank und Ermutigung. Dank und Lob für die Organisten, die Tag für Tag, jahraus, jahrein, oft unentgeltlich und ohne Dank, die Orgel zum Gottesdienst erklingen lassen. Dank sei gesagt den Kirchenchören und ihren Leitern und schließlich den treuen Sängerinnen und Sängern im Kirchenschiff... Ermutigen möchte ich uns alle, Gläubige mit guter und weniger guter Stimme: Habt Mut zum Singen! Denn der Mensch ist Mensch nicht nur wenn er liebt, lacht, spielt, sondern erst recht, wenn er singt, wenn er dem Herrn sein Lob- und Danklied singt.

PETER HINSEN

Gesang für meinen Gott

Wem sollen wir singen? Wem sagen Freude und Dank? Dir Gott, der du getreu warst unser Leben lang. Laß dir unser Lied gefallen!

Es ist schwer, etwas zu erklären, was selbst fleißige Kirchenbesucher nicht in Einzelheiten kennen: das Gloria-Gebet im ersten Teil der Eucharistiefeier. Deshalb sei mir die Empfehlung an die Leser erlaubt, zuerst den Text dieses Lobgesanges im Gotteslob Seite 372 auf sich wirken zu lassen.

Morgenlied unserer Erlösung

Begeisterte Menschen haben Freude an Hymnen und Liedern. Nirgendwo wird dies deutlicher als bei den Christen der ersten Generationen. Die Gläubigen kamen zusammen und sangen geistliche Lieder, in denen sie ihren Glauben froh bekundeten. Und die Apostel haben sich daran gefreut und es sehr unterstützt (Eph 5,19). In diesen Liedern geschah nämlich zugleich wichtige Glaubensunterweisung: In knappen Versen waren die wichtigsten Wahrheiten zusammengefaßt. Mit diesen Formeln und Versen haben die ersten Christen einander begrüßt und ermuntert, einander gratuliert und getröstet.

Viele dieser Kurzformeln des Glaubens sind so ganz selbstverständlich in die Schriften des Neuen Testamentes eingegangen. Denn sie hatten bereits einen festen Platz im geistlichen Sprachschatz der frühen Gemeinden. Außerdem spürten die Schreiber des Neuen Testamentes, daß manches nicht treffender zu sagen war als es in diesen Formeln ausgedrückt wurde.

Ein solcher Hymnus ist auch das Gloria, ursprünglich ein frühchristliches Morgenlied. So erklärt es sich auch, warum der Evangelist Lukas die ersten Zeilen dieses Hymnus bei der Schilderung der Geburt Jesu zitiert, als mitten in der Nacht die Herrlichkeit Gottes erstrahlt (Lk 2,8 ff). Gibt es ein schöneres Lied am Morgen unserer Erlösung als dieses?

Gloria – das große Kyrie

Das Gloria stand in einem so hohen Ansehen, daß es entgegen der alten liturgischen Regel, wonach „selbstgemachte Hymnen" zugunsten der biblischen Psalmen und Hymnen in der alten Eucharistiefeier verboten waren, dennoch in die Meßfeier aufgenommen wurde. Es blieb aber dem Papstgottesdienst für die Sonntage und Märtyrerfeste vorbehalten und war dem Priester nur für Ostern und den Primiztag gestattet. Später wurden diese Einschränkungen aufgehoben, doch das neue Meßbuch hat wieder eine engere Auswahl getroffen. Das Gloria kann heute an allen Hochfesten des Kirchenjahres, Festen und besonderen Feiern, sowie an allen Sonntagen mit Ausnahme der Advents- und Fastenzeit erklingen.

Während der Erarbeitung des neuen Meßbuches tauchte verschiedentlich der Vorschlag auf, entweder jeweils nur das Kyrie oder nur das Gloria in die Eröffnung der Meßfeier aufzunehmen. Obwohl dieser Vorschlag keine Mehrheit fand, war er in einem guten Argument begründet. Es erfolgt nämlich eindeutig eine inhaltliche Wiederholung des Kyrie im Gloria. Beide Eröffnungsgesänge sind bestimmt von der Verherrlichung Gottes und der Bitte um Erbarmen. Der Liturgiewissenschaftler Theodor Schnitzler sagt im Blick auf dieses Tatsache: „Die beste Erklärung des Kyrie ist das nachfolgende lobende und bittende Gloria." Gewiß eine Verdoppelung, aber ist nicht gerade auch die Wiederholung ein Ausdruck, ja sogar ein Bedürfnis der Freude?

Verherrlicht ist Gott

Wenn im alten Rom der Kaiser nach einem erfolgreichen Kriegszug oder anläßlich von Festen die Huldigung des Volkes entgegen nahm, konnte man immer wieder einzelne Stimmen, aber auch ganze Chöre rufen und singen hören: „Wir loben dich, wir preisen dich", ja sogar: „Wir beten dich an!"

Zugegeben, besonders in diktatorischen Zeiten steckte dahinter oft die geschickte Inszenierung durch die politische Propaganda. Übrigens geschieht solches bis zum heutigen Tag immer wieder. Aber in Zeiten, da das Volk die Errettung aus Not, den Frieden und die Eröffnung einer hoffnungsvollen Zukunft feierte, da entsprang der Jubel durchaus einem ehrlichen Herzen.

Ähnliches finden wir im Volk Israel, allerdings mit dem entscheidenden Unterschied, daß der Lobpreis keinem anderen gilt als Gott allein, mögen noch so viele tüchtige Menschen Großartiges geleistet haben. Es ist für Israel einfach klar, daß das Heil nur durch Gott kommen kann, wenn auch der Mensch seinen Teil dazu beiträgt.

In dieser Tradition stehend, sangen auch die frühen Christen immer wieder ihr Gotteslob, wenn sie an Leben, Botschaft und Person Jesu Christi dachten. Was durch ihn geschehen ist, erkannten die Glaubenden als die „Herrlichkeit Gottes" (Joh 11,40).

Wenn diese Herrlichkeit im Gloria mit dem Wort „Ehre" wiedergegeben wird, kann dies zunächst zu einem Mißverständnis verleiten, als ob wir Menschen Gott durch unser Loben größer machen könnten. Bei dem Ruf „Ehre sei Gott" kann es nicht darum gehen, daß wir die Ehre Gottes begründen oder auch nur mehren sollen oder können. Vielmehr ist dieser Ausruf ein Jubel darüber, daß die Ehre, der Ruhm durch Jesus bereits aller Welt offenbar geworden ist. Die Menschen spürten, daß die Kraft Gottes in die Welt eingebrochen ist. Sie sahen die Zeichen der Herrlichkeit bereits in ihrem Leben und in der Geschichte ihrer Zeit. Ebenso erlebten sie den Frieden als Gottes „Erfolg". Aber das kann nicht von allen gesagt werden, sondern nur von den „Menschen seiner Gnade". So kommt es übrigens auch in der Einheitsübersetzung des weihnachtlichen Engelsgesanges zum Ausdruck: „Verherrlicht **ist** Gott in der Höhe und auf Erden **ist** Friede bei den Menschen seiner Gnade" (Lk 2,14). Leider konnte man sich bei der ökumenischen Übersetzung des Gloriatextes noch nicht dazu entschliessen, diese Version zu übernehmen. In der lateinischen und griechischen Fassung kommt eindeutiger zum Vorschein, daß es sich hier nicht um einen Wunsch, sondern um einen Ausruf handelt.

Christus – du bist der Herr

Die Atmosphäre des Gloria ist kaum treffender zu schildern als in den Berichten über den Einzug Jesu in Jerusalem. Wie sich Jesus vom Ölberg aus der Stadt nähert, beginnen alle Jünger freudig und mit lauter Stimme Gott zu loben wegen der Wunder, die sie erlebt haben (Lk 19,37). Das ist das Gloria. Bei all dem, was durch Jesus geschehen ist, läßt sich der Jubel nicht mehr unterdrükken. Jesus selbst sagt, wenn die Menschen nicht jubelten, müßten es die Steine tun (Lk 19,40). Das muß ein lebendiges, ein herrliches Durcheinander von Stimmen gewesen sein, so recht nach dem Geschmack der Orientalen.

Aber dieser Jubel kennt eine weitere Strophe. Während in der ersten Begeisterung direkt das besungen wird, was die Menschen erlebten – eben die Herrlichkeit Gottes, den Frieden des Herzens –, wendet sich in der zweiten der Jubel dem zu, dem dieses Erlebnis zu verdanken ist: Jesus Christus. Wie in einer Litanei werden verschiedene Hoheitstitel Jesu ausgerufen: Herr und Gott, Lamm Gottes, Sohn Gottes, Heiliger, Herr, Höchster. Jeder ist für sich genommen ein dichtes Glaubensbekenntnis.

Aber was wir schon beim Kyrie bemerkten, ist auch hier festzustellen: Wo das Lob, dort ist auch die Bitte. Wer möchte nicht, wenn er dem Erlöser begegnet, selbst erlöst werden? Wer ruft nicht nach Heilung, wenn er den Heiland in der Nähe weiß? „Erbarme dich unser, nimm an unser Gebet" ist der selbstverständliche Refrain des Menschen, der endlich nach langem Warten und Suchen auf den trifft, der die Sünde der Welt hinwegnimmt. Und alles, was durch Christus geschieht, macht die Ehre Gottes, des Vaters, offenbar. So wie der Jubel beginnt, so klingt er aus.

Gotteslob trotz Opfer

Es erscheint eigenartig, daß das Gloria in seiner Frühzeit wohl an Ostern, aber nicht an Weihnachten gesungen wurde. Diese Regelung galt bis ins 11. Jahrhundert, zumindest in Rom. Dabei gibt es für unsere Ohren keine weihnachtlicheren Verse als der Beginn des Gloria. Aber vermutlich waren sie zuerst ein Ostergesang, bevor sie von Lukas als Gesang der Engel in die Weihnachtsgeschichte „eingebaut" wurden. Es ist ja auch verständlich, daß die ersten Christen die Ereignisse um Tod und Auferstehung zunächst viel brennender interessierte als die Anfänge. Nach den Umständen der Geburt wurde erst später darüber berichtet.

Das Gloria ist vor allem ein Jubel angesichts des Sieges über Tod und Sünde. Nun steht endgültig fest, daß nicht der Tod und nicht der Haß das letzte Wort haben, sondern das Leben und die Liebe.

Das Gloria ist ein Osterlied. Von daher wird auch klar, warum es heute in der Sonntagsliturgie seinen festen Platz hat, ausgenommen in den Zeiten der Buße im Advent und vor Ostern. Jeder Sonntag ist doch ein wöchentliches Osterfest. Gerade zu Beginn einer Woche, die ja nicht nur Freude, sondern auch Verdruß und manches Opfer mit sich bringt, mag es helfen, vorausblickend das

Lied des Triumphes zu singen. Dadurch wird das Kreuz nicht weggezaubert, aber es läßt sich leichter tragen. Der Blick auf die Herrlichkeit Gottes gibt Hoffnung für den Alltag.

Lob der Gemeinde

Manchem mag schon die Vielfalt der Lieder bei der Eröffnung des sonntäglichen Gottesdienstes aufgefallen sein. Wenn man das Einzugslied hinzuzählt, dann sind es mit Kyrie und Gloria immerhin drei kurz aufeinander folgende Gesänge. Doch was dem einen als Überfülle erscheint, empfindet der andere als angebrachte und willkommene Steigerung. Während im Eröffnungslied das Thema des Gottesdienstes anklingt, beginnt im Kyrie der Lobpreis, ausgelöst durch den Eintritt Christi in die Gottesdienstgemeinde, und schließlich durchbricht der Jubel im Gloria alle Schranken. Komponisten wie Mozart oder Bruckner hatten dafür ein gutes Gespür.

Das neue Meßbuch empfiehlt, das Kyrie wie das Gloria als Lied der ganzen Gemeinde zu gestalten, gewöhnlich im Wechsel zwischen Kantor und Gemeinde. So war es im Gregorianischen Choral die Regel. Leider hat in den meisten Gemeinden inzwischen der Priester die Rolle des Kantors übernommen. Daß dieser Gesang gelegentlich von einem Chor allein gesungen wird, gleichsam in Stellvertretung für das Volk, ist durchaus möglich, sollte aber die Ausnahme bleiben. Sehr gerne wird das Gloria durch ein Gemeindelied ersetzt. Das ermöglicht zwar eine möglichst breite Beteiligung, aber es wäre schade, wenn dadurch ganz unbemerkt eine inhaltliche Aushöhlung des Glorias sich vollziehen würde, denn nicht jedes „Gloria-Lied" ist ein gleichwertiger Ersatz.

Wichtig ist vor allem die eigene Einstellung zum wahren Herrn der Gemeinde. Wer versucht, zu Beginn des Gottesdienstes Christus als seinen König zu begrüßen – so wie es die Menschen der Antike beim Einzug des Kaisers in die Arena taten –, der wird das Anwachsen des Jubels spüren, von der gespannten Erwartung bis hin zu der Begeisterung bei seinem Eintreffen.

Und noch ist der Jubel nicht vollendet. Wie groß wird er erst sein, wenn wir den Herrn einst schauen dürfen von Angesicht zu Angesicht im Reich des Vaters?

ALOIS FRANK

Lobt Gott mit eurem Leben!

„Der Sonntag gehört dem lieben Gott, die Wochentage gehören mir!"

Soll diese häufige Behauptung sagen, daß wir nur sonntags „verpflichtet" sind, Gott zu loben und ihm zu danken?

Hat Gott sich am Sonntagabend in die Kirche einschließen lassen, nachdem er seinen Segen für die anderen Wochentage als „Vorschuß" erteilt hat?

Gott begleitet uns Tag für Tag, gleich wo wir sind und was wir tun. Das ist christliche Überzeugung. Auf seinen Beistand sind wir angewiesen. Gilt es deshalb nicht gerade als unsere „Pflicht und Schuldigkeit", ihm immer und überall, also auch wochentags Lob und Dank zu sagen in allem, was wir sind und tun? Soll nicht unser ganzes Dasein das Lob auf Gott künden?

Jeden Tag ein Lied…

Diese Aufforderung ist nicht so zu verstehen, daß wir ständig ein Lied summend oder ein Gebet sprechend unserer Arbeit nachgehen sollen. Das wäre gar nicht möglich. Viele brächten es auch nicht fertig. Wer es tatsächlich kann, zählt zur seltenen Ausnahme, ist ein „Lebenskünstler". Den weitaus meisten Menschen ist der Ernst ihrer Aufgaben mehr ins Gesicht geschrieben.

Aber die Frage lohnt sich: Was kann einen Menschen überhaupt froh machen? Was kann ihn längere Zeit in froher Stimmung halten? Gewiß eine außergewöhnliche Naturanlage. Sicher aber der öftere Gedanke an Gott, der uns durch den Tag geleitet. Freude sei ein Lächeln

Gottes, habe ich einmal gelesen; „denn wo Gott ist, herrscht auch Freude und umgekehrt".

Der große Theologe Thomas von Aquin schreibt in diesem Sinne: „Das Kennzeichen aller, die es zu einer vollkommenen Liebe gebracht haben, ist eine ausnehmende und unerschütterliche Fröhlichkeit, eine überraschende, dauerhafte, zwanglose, kindliche Heiterkeit. Von Gott haben sie nichts zu fürchten, mit sich selber sind sie im reinen: warum sollten sie nicht fröhlich sein?" Thomas denkt dabei wohl an die zahllosen Heiligen, aber sicher auch an viele Menschen seiner Zeit, nicht zuletzt an die von den wechselvollen Stimmungen des Lebens noch unberührten Kinder.

Aber müßte nicht auch jedem gläubigen Menschen die Freude ins Gesicht geschrieben sein? Darf er nicht sein Dasein auf die Worte des 33. Psalms aufbauen? „Ich, dein Gott, will dir den Weg zeigen, den du gehen sollst. Ich will dich mit meinen Augen leiten." Oder auf den Vers im 16. Kapitel des Buches der Sprichwörter: „Das Menschenherz plant seinen Weg, doch der Herr lenkt seinen Schritt."

Der Christ ist überzeugt, daß Gott bei ihm ist, daß alle aus Gottes Hand leben, daß Gott führt, und daß wir uns in jeder Lage an Gott halten können, selbst in Leid, Kummer und Sünde. Aus dieser Gewißheit erwächst trotz aller Sorgen und Prüfungen auch Freude und Dank. Der Alltag wird durch die innere Hinwendung zu Gott zu einem Lobpreis der Güte Gottes. Zu einem Lobpreis des ewigen Schöpfers und zum Ansporn für frohes Tun dort, wo jeder im Leben steht.

Jedes gute Wort klingt wie ein Lied

„Das beste Mittel, jeden Tag gut zu beginnen, ist: beim Erwachen daran zu denken, ob man nicht einem Menschen an diesem Tag eine Freude machen könne." Kein anderer als Nietzsche hat diese Worte geschrieben.

Christian Morgenstern sagt es auf andere Weise: „Lachen und Lächeln sind Tor und Pforte, durch die viel Gutes in den Menschen hineinhuschen kann."

Alles Gute, das der Mensch vollbringt, bewegt das eigene Herz wie auch das Herz des anderen. Es macht das Leben erträglicher, lindert Schmerz und Kummer, schenkt Kraft zu neuem Tun. Damit handeln wir unmittelbar im Auftrag Gottes, und unser Gutsein wird zu einem Preisgesang auf Gott, der selbst ganz und gar das Gute ist und von dem alles Gute kommt.

Das Lied vom Guten pflanzt sich fort wie die Freude. Sie beginnt mit dem Lächeln des Kindes, findet Widerhall im Antlitz der Mutter, gibt ihrem eintönigen Tagewerk einen unsichtbaren Glanz, färbt ab und auf alle, die ihr und dem Kind begegnen, um von jedem einzelnen wie ein elektrischer Funke wieder auf andere überzuspringen und schließlich in der eigenen Familie wie bei vielen Menschen mit einer dankbaren Erinnerung den Tag zu beschließen.

Vielleicht kann man so das gewagte Wort von G. K. Chesterton verstehen; „Gut sein, fröhlich sein, ist ein weit gewagteres und kühneres Abenteuer als eine Weltumsegelung."

Ich habe in meinem Leben immer wieder erfahren dürfen, wieviel Freude und Mut man einem Menschen durch eine Kleinigkeit machen kann. Dankbar erinnere ich mich da auch an meine Mutter, die uns immer wieder ermahnte: „Weiset keinen Handwerksburschen ab, wenn er bettelt. Gebt ihm etwas, auch wenn er nach Schnaps riecht!" Wenn dann diese häufig verwahrlosten Gestalten ihr „Vergelts Gott" stammelten, so empfinde ich das noch nach vielen Jahrzehnten als ein echtes Lob auf Gott, der ihnen wie den „Raben auf dem Felde" seine Vatergüte erwies.

Kein Tag ohne ein gutes Wort! Kein Tag ohne eine gute Tat! Das sollte unser Grundsatz sein. Und nicht erst am Abend, sondern bereits früh am Morgen, bei der ersten Begegnung. Und wenn es auch nur ein herzlicher, mit einem Lächeln begleiteter Gruß wäre. In Readers Digest las ich vor Jahren die Mahnung und notierte sie mir: „Sei freundlich bis 10 Uhr morgens, für den Rest des Tages ist dann gesorgt."

Es wird immer wieder geraten, fit zu bleiben, für Fitneß zu sorgen, morgens, mittags, abends. Wo aber wird auch nur einmal darauf aufmerksam gemacht, fit zu bleiben in der Nächstenliebe, im Gutsein zu anderen, im Dank und im Lobpreis vor Gott?

Ein frohes Ja zum Leben: größtes Lob für Gott

Auch wenn wir das Leben Mutter und Vater verdanken, so stand doch hinter diesen Gott, der ewige Schöpfer Herr über Leben und Tod. Sollte man sich das nicht ab und zu ins Gedächtnis rufen? Und müßte dann nicht unser Leben aus Gottes Hand immer noch mehr zu einem Preisgesang auf ihn, unseren Schöpfer, werden?

Christen sind weder Welt- noch Kostverächter. Schon das Buch der Sprüche (31,5) im Alten Testament schreibt: „Gebt doch allen Traurigen das starke Getränk des Weines, und gebt es denen, die betrübten Herzens sind!" Selbst Paulus schreibt an seinen Schüler Timotheus (1 Tim 5,23): „Trink nicht Wasser, sondern genieße etwas Wein, der tut deinem Magen und deiner häufigen Kränklichkeit gut." Und als man die große heilige Theresia von Avila tadelte, weil sie sich eine Mahlzeit so gut habe schmecken lassen, sagte sie in aller Ruhe: „Alles zu seiner Zeit: wenn beten, dann beten, wenn Rebhuhn, dann Rebhuhn!"

An einem Sonnenmorgen sage ich mir oft: Man müßte die Sprache der Vögel verstehen können! Naturforscher haben die seltsamsten Versuche angestellt, um dies zu ermöglichen. Sie sind nicht weit gekommen. Aber soviel darf man wohl annehmen: Die Vögel singen aus lauter

Freude an ihrem Dasein, und um den Zweck zu erfüllen, zu dem sie geschaffen sind. Gott gab diesen „vernunftlosen Geschöpfen" die Gabe, ja mehr noch, den Drang, ihn auf ihre Art und Weise zu verherrlichen.

Lobt Gott am Morgen und am Abend!

Sollte der Mensch nicht gerade von diesen gefiederten Sängern lernen? Freilich nicht so, daß er andauernd singt, trällert und summt, aber doch so, daß er staunend vor der Größe und Schönheit der Natur in Entzücken gerät und sich des Schöpfers erinnert. Ein gläubiger Mensch wird dann von selbst an den denken, der dies alles des Menschen wegen geschaffen hat, um ihm Freude zu bereiten und das oft eintönige Dasein zu verschönern und abwechslungsreich zu gestalten.

Ergibt es sich dann nicht wie von selbst, daß wir beim Erwachen einen Gruß zu Gott schicken? Und untertags hin und wieder dessen gedenken, der uns beschützt? Und am Mittag an den Geber allen Brotes uns erinnern, an Gott? Ebenso am Abend, selbst nach mühevollem Tagewerk und langem Fernsehen, einen nächtlichen Gruß für unseren himmlischen Vater übrig haben?

Gesundheit, ein gedeckter Tisch, die tägliche Arbeit, Appetit und ruhiger Schlaf, die Freude und der Humor dazwischen – das alles sind keine Selbstverständlichkeiten, sondern auch „Gottes tägliches Brot". Ein schlechter und trauriger Christ, der dies nicht des Dankes für wert hält!

Selbst das Schwere im Leben hat, auf das Glaubensfundament des Christen gestellt und von dort betrachtet, etwas Kostbares, wenn dies auch oft verborgen bleibt. Der Glaube an die göttliche Vorsehung läßt manchmal auch im Dunkel der gegenwärtigen Stunde ein Lied, wenn auch nur ein zaghaftes erklingen: „Gott, du bist da, du hast mich nicht vergessen, ich halte mich an dich, du machst sicher wieder alles gut!

In dieser täglichen Einübung von Lob und Dank gegenüber Gott wird die Feier der Eucharistie an den Sonn- und Feiertagen – für nicht wenige auch am Werktag, wenn sie Zeit und Gelegenheit haben – zur ständigen Hilfe, zum Höhepunkt und Ausgangspunkt unserer Freude. In der Gemeinde um den Altar geschart, gemeinsam Gott lobend und dankend, stehen wir als Schwestern und Brüder Jesu, so wie Gott uns geschaffen und im Leben geführt hat. Hier läßt sich aus vollem Herzen singen: „Gott, wir loben dich, Gott, wir preisen dich, Gott, wir beten dich an, wir rühmen dich und danken dir."

Sollte dieses Lob jedoch wie ein Lufthauch verwehen, wenn wir die Kirchentreppe hinabsteigen? Dank und Lobpreis sollten auf dem Weg in den Sonn- und Alltag nachklingen. Wir dürfen diese frohe Stimmung mitnehmen: nach Hause, in die Familie. Und wir sollten sie nachklingen lassen überall dort, wo wir als erlöste und von Gott geliebte Menschenkinder stehen, arbeiten, uns sorgen und uns freuen.

Gottes Wort – unsere Kraft

Dient dem Wort, damit das Wort eurem Glauben diene!

Einzelthemen:

Wort ist Leben
Verkündet das Wort!
Lebt das Wort!

ANTON DOSENBERGER

Wort ist Leben

Es gibt nichts Kostbareres für den Menschen, als wenn Gott zu ihm spricht, ihm sein heiliges und heilendes, versöhnendes Wort entgegensagt. Das göttliche Wort „Es werde Licht" hat die Welt ins Leben gerufen. Das Wort aus dem Munde Jesu „Deine Sünden sind dir vergeben" hat den zerstörten und kranken Menschen, den Sünder erlöst und freigemacht. Und das Wort „Dies ist mein Leib", „Dies ist mein Blut", wird uns immer wieder in der Eucharistie, der Gegenwart Gottes in Brot und Wein geschenkt. Gottes Worte zu hören, ist für den Gläubigen eine Wohltat. Sie zu betrachten und zu verinnerlichen, sollte sein selbstverständliches Bedürfnis sein. Aus ihnen zu leben, sie zu verwirklichen in seinem täglichen Leben, um Gott immer mehr ähnlich zu werden, nicht in Überheblichkeit, sondern in Demut, müßte sein erstes Bestreben sein.

Das Wort Gottes, wie es sich im Alten wie im Neuen Testament an die Menschheit richtet, hat die Christen von Anfang an fasziniert. Und so ist das Wort Gottes zu einem tragenden Bestandteil der heiligen Messe geworden. Zunächst jedoch einige Gedanken über die Kraft des Wortes überhaupt.

Ein gutes Wort

Ein gutes Wort wirkt Wunder! Ein einziges böses Wort kann das Glück eines ganzen Lebens zerstören. Wahrheiten, die man nicht erst beweisen muß. Die Erfahrung hat sie längst tausendmal als richtig bestätigt.

Deutlich wird daraus, daß das Wort in der Vielfalt seiner Verwendbarkeit zu den mächtigsten Kräften und Mitteln des Menschen zählt. Dies war immer so. Doch im Zeitalter der Elektronik, der Massenmedien ist diese Macht um ein Vielfaches erweitert worden, nicht zuletzt durch das Tempo, mit dem täglich Millionen Worte um die Welt geschickt werden, als akustische Impulse oder als Lichtzeichen auf den Bildschirmtexten. Unser Leben ist mehr denn je angefüllt mit Worten aller Art. Ein kurzer Blick auf diese Tatsache scheint mir hier zur Erinnerung notwendig: Es gibt das zärtliche Wort der Liebe, das jeden Menschen glücklich macht, nach dem sich jeder sehnt. Es erschreckt das Wort des Hasses und der Verachtung, der Demütigung und Erniedrigung, das alles niederreißt und Welten zerstört.

Wir kennen aus dem kleinen Alltag die Worte „Bitte", „Danke", die für die menschliche Atmosphäre des Zusammenlebens unersetzlich sind, wenn sie gelegentlich auch oberflächlich hingeworfen werden. Wir kennen auch „Guten Tag" oder „Grüß Gott", Worte, die uns wissen lassen, daß es neben uns und mit uns auch noch Menschen gibt, die uns wahrnehmen und sich freuen, daß wir da sind.

Es gibt wohl kaum einen Menschen, der nicht gerne das Wort der Versöhnung vernimmt, weil es ihn frei macht von Schuld und vom trennenden Bösen in seiner Begegnung mit dem Mitmenschen.

Ich denke auch an das mit Sehnsucht und Spannung erwartete erste Wort des Säuglings „Mama" oder „Papa", das seine Eltern hochbeglückt.

Daneben spricht man vom bedeutenden ersten oder letzten Wort, das ein Vater, eine Mutter, ein Freund oder eine Persönlichkeit der Geschichte in einer wichtigen Stunde gesprochen hat. Durch lange Zeit-Räume hallt es nach. Generationen erinnern sich daran und halten daran fest.

Jedermann weiß auch um die sogenannten Grund-

oder Schlüsselworte. Sie bezeichnen entscheidende Tatsachen und Erfahrungen, auch Ängste und Sehnsüchte unseres Daseins: Liebe, Tod, Leben, Angst, Leid, Glück... Sie spielen in jedem Leben, gleich, wo und wie es sich ereignet, eine wichtige Rolle.

Schließlich kennen wir nur zur Genüge das sogenannte Schlagwort – unsere Zeit ist übervoll davon – das sozusagen „mit einem Schlag" eine Tatsache, einen Sachverhalt, ein Gefühl, eine Erfahrung aufreißt und grob umschreibt. Nützlich und gefährlich sind solche Schlagworte gleichermaßen. So beispielsweise das Schlagwort „Lebensqualität", „Wegwerfgesellschaft". Wie viel Sinnvolles und Unsinniges verbirgt sich dahinter.

Schlagworte können auch zu „Totschlagworten" werden, wenn sie allein gelten und das ganze Leben bestimmen. Jeder andere Gedanke geht daneben unter, wird vernichtet. Jedes abweichende Gefühl wird im Keim erstickt und einfach totgeschlagen. Ich nenne Begriffe wie „Fortschritt", „Zukunft", „Freiheit", gelegentlich auch „Liebe". Wer wagt es, gegen solche Worte anzugehen? Eben deshalb sind sie Totschlagworte. Alles und nichts wird mit solchen Worten, wenn sie von jedermann zu jeder Zeit gebraucht werden, ausgesagt.

Genug der Aufzählung. Eines wird durch sie sicher deutlich. Das Wort beherrscht unser Leben.

Warum so viele Worte um das Wort?

Ich halte es für äußerst notwendig, daß wir von Zeit zu Zeit auch darüber nachdenken, wie wir miteinander und nicht zuletzt mit unserem Gott sprechen. Eben deshalb, weil Worte unser Leben so stark beherrschen, müssen wir um ihre Kraft, Macht und Bedeutung wissen. Und wir müssen dieses Wissen immer wieder in Erinnerung rufen. Andernfalls werden selbst die kostbaren Worte flach, ausgehöhlt und nicht selten mißbraucht und mißverstanden.

In der heiligen Messe sprechen wir vom sogenannten Wortgottesdienst. Das will sagen, daß das Wort auch und gerade im heiligen Raum der Gottesbegegnung eine wichtige Stellung einnimmt.

Doch zunächst: Was geschieht denn, wenn gesprochen wird? Die Antwort scheint ganz einfach: Wenn der Mensch spricht, teilt er sich mit.

Im Wort kehrt sich das, was in der menschlichen Seele, in Verstand und Herz, kurz im Innern des Menschen vorgeht, nach außen, für den anderen wahrnehmbar mit Ohren und Augen, in der Blindenschrift über den Tastsinn der Finger. Somit ist das Wort für den Menschen ein wesentliches Werkzeug, um sich im wahrsten Sinne des Wortes „auszudrücken", sich nach außen „zu kehren". Praktische Beispiele dafür: Wie glücklich ist der Mensch, der einmal sagen darf und es endlich herausbringt: Ich liebe dich! Und wie lösend und erlösend wirkt es, wenn jemand sagen, aus sich „herauskehren", vielleicht sogar hinausschreien darf, wie sehr er leidet und wie tief unglücklich er ist. Wir reden in diesem Zusammenhang auch von der Aussprache und meinen nichts anderes, als daß ein Mensch aus seinem Innersten spricht, also das in Worte faßt, was in ihm an Erfreulichem und Schmerzlichem vorgeht.

Freilich, auch der Mathematiker hat das Bedürfnis, das Ergebnis seines Nachdenkens auszusprechen, es in Worte zu kleiden, selbst wenn diese Worte oft nur noch in Zahlen und Formeln bestehen, die längst nicht mehr jeder versteht.

Euer Wort sei zuverlässig!

So ganz nebenbei wird hier auch einsichtig, wie notwendig die innere und äußere Wahrhaftigkeit und wie schädlich die Lüge ist. Wer die Unwahrheit spricht, also absichtlich etwas anderes aussagt, als in ihm vorhanden ist, mißbraucht das Wort als Mitteilungsinstrument. Er täuscht den anderen. Und er zerstört damit die Beziehungen der Menschen untereinander und die Beziehungen der Menschen zu einzelnen Dingen sowie zur gesamten Umwelt. Deshalb gilt auch für das Wort der moralische Anspruch: Es muß verläßlich sein. Nichts anderes sagt das Achte Gebot.

Hören und Verstehen

Zum ausgesprochenen Wort gehört zwangsläufig auch der Partner, der es aufnimmt und versteht, möglicherweise sogar antwortet, also Worte zurückgibt, die seine Reaktion, sein Denken und Fühlen zu den vernommenen Worten ausdrücken.

Das Wort erreicht also seine volle Entfaltung und Kraft erst dann, wenn es richtig verstanden und wieder „beantwortet" wird. Wir sprechen dann vom Dialog, vom Gespräch, lebendig, interessant, aufschlußreich, informativ, helfend und heilend, konfliktlösend, gehört zum schönsten, was der Mensch im Zusammenleben mit anderen erleben darf. Darum sind gute Gespräche immer geschätzt, aber zugleich auch schwer und nur mit Mühe zu erreichen.

Übrigens – dies sei nicht vergessen – hat die Menschheit um die Bedeutung des Wortes immer gewußt: Erzählungen, Romane, Gedichte aus der Literatur aller Völker beweisen, wie sehr die Wort-Begabung des Menschen gepflegt und zu hoher Kunst geführt wurde. Die Musik hat ein weiteres dazugetan, daß das Wort im Lied der verschiedensten Arten den Weg zum Herzen der Menschen findet.

Gott und das Wort

Auch Gott kennt das Wort. Er hat es oft und oft gesprochen.

Alle Religionen leben aus einer Gottesbotschaft. Sie wissen also darum und haben es vernommen, daß Gott zum Menschen gesprochen hat und immer noch spricht. So kennen sie alle auch heilige Schriften und Bücher, die sein Wort enthalten. Sie schmücken diese und halten sie hoch in Ehren. „Koran" nennen die Mohammedaner das Wort Allahs: „Thorarolle" heißen die Juden das heilige Buch; „Bibel" oder „Heilige Schrift" nennen Juden und Christen gemeinsam die Botschaft von Gott an den Menschen.

Wie kaum eine andere Religion kann das Christentum als Wortreligion bezeichnet werden.

Die biblische Botschaft beginnt mit dem schöpferischen Wort Gottes „Gott sprach: Es werde Licht! Und es wurde Licht..." (Gn 1,3).

„Und wiederum sprach Gott..." So oder ähnlich heißt es immer wieder. Unzählige Male spricht Gott zum Menschen, im Zorn, in der Freude, im Ton der Versöhnung und der Ermahnung.

Die Theologie des Johannesevangeliums setzt Gott gleich mit dem Wort. Er ist der schöpferische Geist, der alles in sich trägt und sich im Wort äußert, das die Welt ins Dasein ruft.

Gott gibt den Dingen, ja sich selbst einen Namen und nennt sich: „Ich bin der Seiende". Eine grundlegende Aussage, die Welt und Zeit, ja das Leben eines jeden Menschen umspannt. In ihr wird die Daseinsordnung klar bekanntgegeben.

Gottes Wort erreicht die Menschen in Zeichen und Ereignissen, durch Könige und Propheten. Zuletzt hat dieses Wort Fleisch angenommen in Jesus Christus. Von ihm geht die Erlösung der Menschheit aus. Das ist die Kernaussage, das Wichtigste, was uns das Evangelium mitzuteilen hat. Und dies ist nicht gerade wenig.

Freuet Euch an Gottes Wort!

Das Wort Gottes hat im Christentum immer frohen Charakter. Deshalb wird es „Evangelium = Frohbotschaft" genannt. Der Mensch kann deshalb diese Botschaft nicht genug hören, lesen, sich in sie vertiefen und sich über sie freuen und Gott antwortend „danke" sagen.

Deshalb ist die Begegnung mit Gottes Wort nicht einfach Ritual oder Pflichtübung für den Christen, sondern Gottesdienst, das heißt göttlicher Dienst, Feier der Nähe Gottes, Fest.

Dies hat mit neuer Klarheit das Zweite Vatikanische Konzil erkannt und an die ganze Kirche weitergegeben. Es hat empfohlen, in der Eucharistie auch den Tisch des Wortes reicher zu decken als bisher.

Das Sakrament, ja auch das der Eucharistie, ist an das Wort gebunden, das Wort Jesu: „Dies ist mein Leib – mein Blut". Nur in Verbindung mit diesen Worten werden Brot und Wein in Christi Leib und Blut gewandelt. Deshalb findet der Zugang zum Sakrament über das Wort statt. Ihm gebührt also ebenfalls der ganze Ernst des einzelnen und der Gemeinde. Das ist schließlich auch der Sinn eines würdig und ohne Zeitnot begangenen Wortgottesdienstes.

Durch Christus zum Vater

Das sogenannte Tagesgebet, das vom Priester vor den Lesungen gesprochen wird, setzt einen wichtigen Akzent, gibt sozusagen den Grundtenor an für den Verlauf des Wortgottesdienstes und des Mahlgottesdienstes: „Durch Christus", „im Heiligen Geist", gehen wir zu unserem himmlischen Vater. Beachtenswert ist dabei, daß zunächst Gott, der allmächtige Vater, angesprochen wird. Der heilige Geist ist es, der uns befähigt, uns zu ihm zu erheben, dem Ziel aller unserer Bitten und Lieder, unserer Freuden wie auch Sorgen. Und alles schließlich, was wir erbitten, wird uns geschenkt durch Jesus Christus, den Sohn Gottes, durch den der Vater uns erlöst hat. Interessant ist auch die Deutung, daß der Priester mit den ausgebreiteten Armen die Rolle Jesu übernimmt, der mit den am Kreuz ausgestreckten Armen die Menschheit erlöst hat. Hier wird die christliche Erlösungstheologie angedeutet.

Es wäre gut, wenn die Gläubigen nicht nur auf das „Amen" der Gebete warteten, sondern sich dem tiefen Inhalt und den damit verbundenen Gesten öffneten.

Diese ironisch klingende Bemerkung will durchaus ernstgenommen werden und ein ermutigendes Wort für uns alle sein, den Schatz der hl. Messe immer wieder von neuen Seiten zu betrachten.

PETER HINSEN

Verkündet das Wort!

„Wortgottesdienst und Eucharistiefeier sind so eng miteinander verbunden, daß sie eine einzige liturgische Feier darstellen." Das ist eine Selbstverständlichkeit. Und dennoch glaubte das letzte Konzil eigens darauf hinweisen zu müssen. Es ermahnte die Seelsorger „eindringlich", die Gläubigen zu belehren, „an der ganzen Messe teilzunehmen". Das war im Jahr 1963. Damals waren tatsächlich große Anstrengungen nötig um dem „Tisch des Gotteswortes" nicht nur einen angesehenen Platz einzuräumen, sondern ihn auch reicher zu decken.

Von dem Schatz, der im Wortgottesdienst enthalten ist, soll hier die Rede sein, aber auch davon, daß er in der Praxis oft ungenügend erschlossen wird.

Erinnerung an Gottes große Taten

In gläubigen jüdischen Familien ist es üblich, daß der Vater die Fragen seiner Kinder mit Geschichten aus der Bibel beantwortet. Das geschieht aus gutem Grund. So ausgefallene und einmalige Fragen gibt es gar nicht, daß sich in dem reichen Schatz der Bibel nicht eine Antwort finden ließe.

Daher werden diese Texte in den jüdischen Gemeinden auch im Gottesdienst verkündet, vor 2000 Jahren und mehr ebenso wie heute. Eine erste Lesung ist den Geschichtsbüchern entnommen, von den Juden auch „Gesetz" genannt. Darin wird das Verhältnis Gottes zu seinem Volk geschildert. Das ist eine spannende Geschichte mit vielen Varianten, aber immer mit der gleichen Erkenntnis: Das Volk ist wankelmütig, Gott aber ist treu. Das gereicht Gott zum Lob, dem Volk zur ständigen Mahnung. Die zweite Lesung, entnommen den prophetischen Büchern, weist dann sehr deutlich auf die Konsequenzen hin: die notwendige Umkehr des Volkes. Die Einsicht ist klar: nur wenn das Volk ebenfalls treu ist, kann es zu einer innigen Gemeinschaft mit Gott finden und damit zu seinem inneren und äußeren Frieden, zu Wohlstand und Glück.

Genau in dieser Gottesdiensttradition stand auch Jesus. Die stete Erinnerung an die Heilstaten Gottes in der Geschichte seines Volkes lag ihm sehr am Herzen. Für ihn war es selbstverständlich, am Sabbat in die Synagoge zu gehen. Dort hat er auch selbst aktiv an der Gestaltung des Gottesdienstes mitgewirkt und aus den Propheten vorgelesen (Lk 4,16 f). Man sollte gelegentlich daran denken, daß für Jesus das Alte Testament die heilige Schrift war, um sich davor zu hüten, diesen Teil der Bibel gering zu achten. Auch die Prediger könnten öfters – so wie Jesus – Texte des Alten Testamentes ihrer Gemeinde erläutern und für die Gegenwart fruchtbar machen.

Das Evangelium Jesu Christi

Wenn die frühen christlichen Gemeinden sich zum Gottesdienst versammelten, so behielten sie – was den Wortgottesdienst betrifft – im Wesentlichen die Ordnung der Synagoge bei. Doch etwas ganz Wichtiges kam neu hinzu: die Berichte über Lehre und Leben, Tod und Auferstehung Jesu Christi. Es wurde erzählt, was die Gemeindemitglieder erlebt oder von anderen gehört hatten. Schließlich versuchten einige, diese Erzählungen zu sammeln, zu ordnen und niederzuschreiben. So entstanden die Evangelien. Sie waren für bestimmte Gemeinden verfaßt worden, um im Gottesdienst vorgelesen und für spätere Generationen erhalten zu werden. Natürlich wollte man auch der ausufernden Phantasie manches allzufreien Erzählers Schranken setzen.

Viele dieser Evangelien sind verloren gegangen. Bei manchen war man sich auch nicht sicher, ob sie noch mit der ursprünglichen Verkündigung übereinstimmten. Diese Zweifel hatte man aber bei den Schriften von Matthäus, Markus, Lukas und Johannes nie. Darum wurden sie von der Kirche als echte Evangelientexte anerkannt, im Gottesdienst verkündet und durch die Jahrhunderte hindurch unverändert weitergegeben.

So kam in der Eucharistiefeier zu den beiden Lesungen, die im jüdischen Gottesdienst üblich waren, noch die Verkündigung eines Abschnittes aus dem Evangelium hinzu. Mit der Zeit hielt man es für angebracht, einen alttestamentlichen Text gelegentlich durch einen „Hirtenbrief" zu ersetzen, z. B. des Paulus oder eines anderen angesehenen Verkündigers des Evangeliums aus der apostolischen Zeit.

Den Tisch des Wortes reicher decken

In lebendigen Epochen der Verkündigung und Erneuerung legte die Kirche auf das Wort Gottes stets großen Wert. Aber in Zeiten der Routine und Gewöhnung wurde die Dauer des Gottesdienstes oft zu einem Problem gemacht. Damit die Liturgie möglichst allen gefällt, versuchte man zu kürzen und zu straffen, wo es nur möglich war. Vesuchungen, die auch heute auftauchen. Die Lesungen sind meist das erste Opfer. Warum sollen nicht zwei biblische Texte genügen? Ist die Lesung aus dem Alten Testament nicht ohnehin entbehrlich? So bildete sich die Praxis heraus, dem Evangelium nur noch eine Lesung voranzustellen.

Das letzte Konzil war der Meinung, man sollte dem Wort Gottes wieder mehr Beachtung schenken. Vor allem von den Deutschen kam das Verlangen, „den Tisch des Gotteswortes reicher zu decken". Die anwachsende ökumenische Bewegung hatte längst erkennen lassen, daß das Wort Gottes im Vergleich zu den Kirchen der Reformation bei uns etwas vernachlässigt worden ist. Darum fordert man eine Liturgiereform, die dem Wort Gottes den gleichen Wert beimißt wie dem Sakrament. Eine Hilfe dazu sollte die erneute Einführung eines dritten biblischen Textes in den Gottesdienst an Sonn- und Feiertagen bringen. Diese Anregung wurde von der ganzen Weltkirche freudig aufgenommen. Aber heute müssen wir feststellen, daß diesem Wunsch überall in der Welt mehr Rechnung getragen wird als im deutschen Sprachraum. In den meisten unserer Gemeinden wird lediglich eine Lesung vorgetragen, während in Italien, Frankreich, Afrika oder Indien zwei Lesungen ganz selbstverständlich sind. Anscheinend fällt es uns immer noch sehr schwer, für das Hören des Gotteswortes Zeit zu erübrigen. Dabei täte uns das so gut.

Auswahl der Texte

Die liturgische Leseordnung hat die Evangelien auf drei Jahre verteilt. Im ersten Jahr hören wir Abschnitte aus dem Evangelium nach Mathhäus, im zweiten nach Markus und im dritten nach Lukas. Teile des Johannesevangeliums werden in alle drei Jahre eingefügt.

Die erste Lesung, die in der Regel dem Alten Testament entnommen ist, orientiert sich thematisch am jeweiligen Evangelium. Wenn z. B. das Evangelum von der Heilung eines Aussätzigen erzählt, hören wir in der ersten Lesung, wie das Alte Testament über Aussätzige gedacht hat. In der zweiten Lesung wird ein Ausschnitt aus den neutestamentlichen Briefen verlesen. Sie ist – etwas vereinfacht ausgedrückt – eine fortlaufende Lesung, also ohne Rücksichtnahme auf das Evangelium.

An den Wochentagen werden die biblischen Texte in mehr oder weniger nahtloser Fortsetzung gelesen. Dabei wiederholen sich die Evangelien jedes Jahr, die Lesungstexte jedes zweite Jahr.

Dieses angereicherte Angebot hat zur Folge, daß in

Gemeinden, in denen an Sonn- und Feiertagen dem Evangelium zwei Lesungen vorangestellt sind, im Laufe von drei Jahren die vier Evangelien fast vollständig vorgelesen werden, etwa neun Zehntel der Apostelbriefe und ein Drittel des Alten Testamentes. Wenn jemand in diesem Zeitraum täglich die hl. Messe mitfeiert, so bekommt er fast die gesamte Bibel zu hören. Das Konzil hat diese Chance eröffnet. Aber wie wird sie in der Praxis der Gemeinden genützt?

Vergangenes wird Gegenwart

Geschichten, die von Vergangenem erzählen, sind ungeheuer wichtig für die Entwicklung und Reifung des Menschen. Nicht umsonst sind die Kinder so begierig darauf. Erzählungen helfen, notwendige Einsichten zu erwerben und eigene Erfahrungen einzuordnen, zu bewerten und zu verarbeiten.

Das gilt für Erwachsene ebenso. Wenn im Wortgottesdienst von Ereignissen der Vergangenheit berichtet wird, so nicht um die „gute alte Zeit zu verherrlichen", oder gar um spannende Unterhaltung zu bieten, sondern um deutlich zu machen, daß diese Erzählungen immer wieder neu gegenwärtig werden. Den Blick dafür zu öffnen, ist vor allem die Aufgabe der Predigt. So hat es auch Jesus getan. Als er in der Synagoge aus der Schrift des Propheten Jesaja vorlas, hat er anschließend erklärt, daß genau dies sich „heute" erfüllt (Lk 4,17).

Die Erschließung des biblischen Textes sollte in keinem Gottesdienst fehlen. Jeder hat es schon erlebt, daß er einen Bibeltext über viele Jahre hindurch gehört hat, ohne wirklich betroffen zu sein. Und plötzlich gehen – bewirkt durch ein erklärendes Wort – „die Augen auf", so wie den Emmausjüngern, als Jesus ihnen die Schriften erschloß (Lk 24,27).

Predigt – Hilfe zur Erneuerung

Erneuerung ist ständiges Programm der Kirche. Die Maßstäbe der Erneuerung sind in der Heiligen Schrift enthalten. Ja noch mehr: sie selbst kann Erneuerung bewirken. Das Wort Gottes wurde zwar in vergangener Zeit niedergeschrieben, aber nicht nur für damals, sondern auch für heute.

Es wäre zu wenig, wenn die Worte der Bibel einfach wiederholt würden. Der Prediger muß sie in die konkrete, heutige Situation übersetzen. Das ist oft nicht leicht, aber immer notwendig. Bischof Franz Kamphaus, Limburg, spricht aus Erfahrung, wenn er sagt: „Der Prediger hat es immer mit zwei Partnern zu tun, mit dem Zeugnis des Schrifttextes und mit den Hörern bzw. ihrer Situation. Beider Anwalt ist er; beiden schuldet er Ehrlichkeit. Er darf den Text nicht um die Fragen der Hörer, aber auch die Hörer nicht um den Einspruch des Textes betrügen. Die Predigt steht im Spannungsfeld von Schrifttext und Hörersituation".

Diese Aufgabe gehört zum Wesen der Seelsorge. Darum habe ich kein Verständnis dafür, wenn Priester „Predigtferien" halten. Ein Wort der Erklärung und Übersetzung in die Situation von heute sind sie den Gläubigen schuldig, und sei es noch so kurz. Nicht die Quantität ist entscheidend. Wichtig ist, daß die reiche Quelle des Wortes Gottes wenigstens an einer Stelle angezapft wird, so daß die Menschen daraus Wasser des Lebens trinken können.

Eigentlich sollte dies auch beim Wochentagsgottesdienst nicht fehlen. Einem Priester, der den täglichen Umgang mit dem Wort Gottes pflegt, dürfte dies auch keine Schwierigkeiten bereiten.

Zuhören können

Aber auch der Gottesdienstbesucher ist gefordert. Das Zuhören fällt uns sehr schwer. Und manchesmal wollen wir auch gar nicht zuhören, weil uns zuviel um den Kopf schwirrt, zuviel Lautes und Unnötiges. Tatsächlich täte uns zuweilen – auch im Gottesdienst – etwas mehr Ruhe gut. Aber könnten nicht gerade die Worte der Heiligen Schrift dazu beitragen? Das sind Worte mit Gewicht, die uns Erholung und Frieden schenken können. Das Wort Gottes ist immer eine Frohbotschaft, selbst wenn es uns zunächst zur Umkehr treibt. Aber was tun wir? Statt uns von diesem Wort anrühren und aufrichten zu lassen, wird es gekürzt, wo es nur geht, um ja bald wieder in den Trubel zu gelangen.

Das Zuhören ist ein wesentliches Element der Meditation, nach der doch überall gerufen wird. Allerdings, auch das ist wahr, kann man nur richtig zuhören, wenn – wie Romano Guardini sagt – das „Aufhören" vorangeht. Wenn ich zum Gottesdienst gehe, dann muß ich mit dem, was mich sonst in meinem Alltag beschäftigt, aufhören. Damit soll die Arbeit des Alltags nicht abgewertet werden, aber sie wird in einem anderen Licht gesehen und bekommt einen anderen Stellenwert. Geschäftigkeit und Hören schließen sich gegenseitig aus. Jemand, der in voller Hetze zum Gottesdienst kommt und vielleicht sogar noch verspätet, wird sich mit dem Zuhören sehr schwertun. Die Frucht des Wortes Gottes kann nur der empfangen, dessen Ohr und Herz dafür geöffnet sind. Und der kann auch zum „Täter des Wortes" werden, was ja das eigentliche Ziel der Verkündigung ist.

ALOIS FRANK

Lebt das Wort!

Der Mensch spricht, Gott antwortet. – Gott spricht, der Mensch antwortet. So geschieht es auch in der Eucharistie. Ein feierlicher Dialog zwischen Mensch und Gott findet statt.

Gott teilt sich der Gemeinde mit. Diese antwortet froh und beglückt in gesprochenen und gesungenen Worten, besonders nach den Lesungen. Noch wichtiger ist freilich, daß die Gläubigen die Botschaft Gottes leben.

Dank sei Gott!

Die Lesungen des Wortgottesdienstes, dazu zählt auch das Evangelium, werden nicht um ihrer selbst willen vorgetragen. Sie sind an die Gemeinde gerichtet und haben ihr etwas zu sagen. Diese wiederum soll sich innerlich und äußerlich angesprochen fühlen. Sie soll nicht nur hören und zuhören. Sie soll auch sagen, daß sie gehört und verstanden hat.

Dazu gibt es auch Beispiele aus weltlichen Bereichen: Irgendwo findet eine große Rede, eine Dichterlesung oder ein Konzert statt. Wäre es da nicht ein armseliges Zeugnis oder gerade ein Zeichen des Mißerfolges, wenn die Anwesenden das Ende mit einem interesselosen Raunen aufnähmen, um dann mit einer unverständlichen Hast den Saal zu verlassen? Im Gegenteil, sie werden Beifall spenden, in die Hände klatschen und so ihre Freude über die Veranstaltung kund tun.

Im Wortgottesdienst werden vom Lektor Abschnitte aus der Bibel vorgelesen, teils aus dem Alten Testament, teils aus dem Neuen Testament. Diese Lesungen richten sich an alle anwesenden Gläubigen und fordern geradezu eine Antwort heraus. Darum schließt auch der Lektor zur Gemeinde gewandt mit dem Satz: „Wort des lebendigen Gottes!". Diese antwortet als Bestätigung dafür, daß Gottes Wort bei ihr angekommen ist: „Dank sei Gott!"

Dieser kurze „Applaus" für die geoffenbarten Wohltaten Gottes wird erweitert durch einen längeren Lobpreis auf Gott, meist aus den Psalmen oder Hymnen der Bibel. Diese Verse sind der jeweiligen Tagesliturgie angepaßt und sollen wechselweise zwischen Chor und Gemeinde gebetet oder gesungen werden. Sie geben gewissermaßen das Echo auf die Botschaft Gottes und zeugen von der Bereitschaft, die diese in den Herzen der Anwesenden geweckt hat. Leider werden diese Verse nicht überall gebetet, beziehungsweise gesungen. An ihrer Stelle stimmt die Orgel ein gemeinsames Lied an, das in gleicher Weise Antwort und Dank an Gott sein kann.

Auch die Verkündigung des Evangeliums durch den Priester verlangt die Antwort des Volkes. Darum schließt er die Frohbotschaft Jesu mit den an die Gemeinde gerichteten Worten: „Evangelium unseres Herrn Jesus Christus!" Das gläubige Volk antwortet: „Lob sei dir, Christus!"

Man hat an der neuen Liturgie beanstandet, das Volk werde immer noch zu wenig am Geschehen der heiligen Handlung beteiligt. Gut, das mag sein! Aber gerade deshalb sollte jeder der anwesenden Gläubigen mit den wenigen „ihm erlaubten" Worten auch voll übereinstimmen. Das heißt, diese Antworten sollten aus seinem Innersten mit ganzer Überzeugung kommen. Sinngemäß etwa so: „Ja, eine herrliche Botschaft, die ich da höre! Eine Botschaft, die frei macht, die stärkt und beglückt! Die mir in feierlicher Weise kund tut, daß sich ein Gott um mich kümmert und für mich da ist, gleichviel, wer und wie ich bin!" Darum aus ganzem Herzen und mit lauter Stimme: „Lob sei dir, Christus!"

Der gemeinsame Gottesdienst ist nicht dazu da, daß wir ihn lispelnd und in Ehrfurcht erschauernd mitfeiern. Wir sollten es laut und vernehmlich tun. Bei anderen Gelegenheiten behaupten wir ja auch laut und kraftvoll unsere Meinung. Warum nicht auch hier in der Gemeinde bei Gott? Es wäre eine falsche Demut, sich zurückzuhalten. Das gilt in gleicher Weise für den Gesang.

Credo – Ich glaube

Die vom Priester verlesene oder gesungene Frohbotschaft Jesu, das Evangelium, mit der nachfolgenden Predigt fordert von sich aus noch zusätzlich eine Antwort des Gottesvolkes, nämlich das Bekenntnis des Glaubens.

So folgt nach der neuen Liturgie an Sonntagen, an Hochfesten und anderen festlichen Gottesdiensten, das „Credo", das Glaubensbekenntnis. Beide Formen sind zulässig: das „Große Glaubensbekenntnis", seit Jahrhunderten bei der heiligen Messe gebetet, oder das „Apostolische Glaubensbekenntnis". Das Glaubensbekenntnis kann vom Chor gesungen oder von der Gemeinde gebetet werden. Oft tritt an seine Stelle ein entsprechendes Lied.

Das Credo will die Antwort des gläubigen Christen auf die Verkündigung und Auslegung der Frohbotschaft Jesu sein, die Annahme der biblischen Geschehnisse, der Lehren und Taten Jesu. Das Credo ist das Ja zur Menschwerdung, zur Erlösung, zu den Heilsgnaden der Kirche, zu der Gegenwart Jesu in der Eucharistie, zu den Sakramenten und zum ewigen Leben. In diesem Bekenntnis sagt jeder Christ persönlich ja zu den Lehren der Kirche. Nicht zuletzt wird es als eine Art Tauferneuerung angesehen angesichts der gesamten Gemeinde.

Darum sollten wir das Glaubensbekenntnis bedächtig, auf unser eigenes Leben bezogen, beten und dabei auch der göttlichen Hilfen gedenken, die es nennt. Ich erinnere an den Satz: „Ich glaube an die Vergebung der Sünden", eine überaus trostvolle Tatsache für jeden Christen! Oder: „Ich glaube an das ewige Leben!" Kann uns dieser Glaubenssatz nicht viel Hoffnung, Vertrauen auf Gott und täglich immer wieder neue Kraft für unser irdisches Leben geben?

Das Credo will den Glauben feiern. Darum wurde es in der alten Liturgie, sogar in Dorfgemeinden, nach dem Gregorianischen Choral von allen lateinisch gesungen. Mein Vater, ein einfacher Bauer, konnte es auswendig, und die ganze Gemeinde, Männer, Burschen, Frauen und Mädchen und Kinder sangen es voller Begeisterung jeden zweiten Sonntag, auf den diese „lateinische Messe" regelmäßig traf. Im stillen trauere ich jenen Sonntagen heute noch ein wenig nach.

Wir bitten dich, erhöre uns!

Wir kennen diesen „Refrain" aus den „Fürbitten" des neuen Ritus der Eucharistiefeier. Neu sind Fürbitten in der Messe nicht. Denn bereits in den ersten christlichen Gemeinden und später noch wurden solche Bitten in die Eucharistiefeier eingefügt.

Eigentlich sollte man statt „Fürbitten" das „Gläubigengebet" sagen. Denn hier kann die versammelte Gemeinde wirklich zu Wort kommen. Der Priester spricht die Einleitung. Dann werden die einzelnen Bitten vom Volk vorgebracht, gleichsam als Antwort auf die Vernehmung der Frohbotschaft Jesu, die allen Mut macht, sich nun auch an Jesus zu wenden. Erinnert sei dazu an zahlreiche biblische Szenen: Der Hauptmann bittet für seinen kranken Knecht, die Witwe für ihren verstorbenen Sohn, der Synagogenvorsteher für seine todkranke Tochter, Maria in Bethanien für ihren toten Bruder Lazarus. Wieviele kamen außer diesen noch zu Jesus, dem großen Wundertäter, und flehten ihn um Hilfe an! „Wir bitten dich, erhöre uns!"

Vielfach werden die Fürbitten, der Ordnung wegen,

vom Priester formuliert und von anderen Gottesdienst-
teilnehmern vorgetragen. Sie können auch vom Lektor
gesprochen werden. Die einzelnen Bitten sollen kurz und
wesentlich sein, aktuell, überschaubar und ohne Neben-
sätze. Sie sollen „ins Gehör fallen", von jedem verstanden und beantwortet werden können. Ihr Inhalt sind die
Anliegen der menschlichen Gemeinschaft, der Christen-
heit in aller Welt, aber auch der Gemeinde am Ort und
einzelner. Besondere Vorkommnisse, allgemeine Sorgen, Katastrophen oder Todesfälle können hier genannt
werden. Dieses Gläubigengebet, sollte man nicht unterschätzen; denn als Teil der Eucharistie, am heiligen Ort
von der ganzen Gemeinde gesprochen, wie es die hoffen-
den Menschen seiner Zeit bereits taten, verfehlt sicher
nicht seine Wirkung.

Mit Gottes Wort in den Tag

Der Wortgottesdienst soll nicht nur als Vorbereitung
auf die eucharistische Feier dienen, er soll den Christen
auch hinweisen auf die christliche Gestaltung seines Alltags: Was bedeutet das Wort Gottes für mein persönliches Leben? Wo und wie kann es mir helfen und mich leiten? So könnte eine besinnliche Frage lauten.

Überdies spricht Jesus einmal davon, wieviele böse
Worte dem Mund des Menschen entschlüpfen. Darum
sollte allen das Wort Gottes, das wir in der liturgischen
Feier hören, zum Leitsatz werden: Was du sprichst, über-
lege es! Sprich nur gut von anderen! Über Abwesende,
die sich nicht verteidigen können, sage nichts Böses aus!
Kontrolliere dich hin und wieder, wie du's damit tatsäch-
lich hältst! Frage dich: Gereichen mir meine Worte zur
Ehre? Sind sie anderen zum Nutzen und erfreuen sie?
Sind sie eine Hilfe oder richten sie Schaden an? – Wieviel
Glück kann ein einziges gutes Wort schenken!

Mit Gottes Wort gehen wir in den Tag. An den Sonntagen nicht bloß in den Tag, sondern in die ganze Woche.

Wie viel besser, menschlicher wäre das Zusammenleben, wenn wir im Gespräch, in der Diskussion, mag sie noch so heiß verlaufen, nur gute Worte bereit hätten! Gewiß, es wäre unvernünftig, gleich mit Bibelzitaten aufzuwarten. Aber in jedem Wort könnte doch ein Stückchen, ein ganz klein wenig Liebe vorhanden sein. Wenn das der Fall wäre und wir mehr Verständnis für die Schwächen und Menschlichkeiten anderer hätten, gäbe es weniger Zerwürfnisse, Streitigkeiten und Beleidigungen. Es gäbe weder Feindschaft noch Kriege. Es wäre der wahre Weg zum Frieden der Welt beschritten. Das alles muß natürlich im Herzen des einzelnen Menschen beginnen. In jeder Familie, zu Hause, in der Nachbarschaft, im persönlichen Umgang mit jedermann, von Mensch zu Mensch. Jeder müßte am Abend, wenn er sein Tagewerk überdenkt, frohen Herzens sprechen können: „Dank sei Gott!"

Gottes Wort will leben

Schöne und gute Worte sind oft allzu leicht gesprochen. Ratschläge und Ermahnungen sind schnell gegeben. Aber, was man anderen rät und vorschlägt, bei sich selber in die Tat umzusetzen, das ist schwer, oft sehr schwer. Und doch kommt es gerade darauf an. Sagt doch Jesus in der Bergpredigt: „Nicht jeder, der zu mir sagt: Herr, Herr, wird in das Himmelreich kommen, sondern nur, wer den Willen meines Vaters tut." (Mt 7,21).

Ein altes Sprichwort sagt: „Worte begeistern, Beispiele reißen mit." Das heißt: Was wir reden, ist nur leerer Schall, wenn nicht die Tat dahintersteht. Wenn wir nicht selber beweisen, daß wir mit gutem Beispiel vorangehen. Das gilt für den Prediger wie für Vater und Mutter und für den Erzieher. Das gilt für jedermann. Jesu Urteil über die Pharisäer sollte zu denken geben: „Tut alles, was sie euch sagen", sagte er seinen Jüngern, „aber richtet euch nicht nach dem, was sie tun; denn sie reden nur, tun selbst aber nicht, was sie sagen." (Mt 23,3).

Der Christ ist aufgerufen, das Heil, das ihm geschenkt ist, an andere weiterzugeben. Das bedeutet, daß wir das Wort Gottes in unserem Tun verwirklichen und hineinwirken lassen in das Leben anderer.

Die Kraft der Erlösungstat Jesu soll, wie es im Tagesgebet des ersten Fastensonntags heißt, durch ein Leben aus dem Glauben sichtbar werden, so sehr, daß auch andere davon im Guten beeinflußt werden.

Wo immer der Christ steht und was er tut, er soll sich nach besten Kräften für Gerechtigkeit, Barmherzigkeit, Verständnis für andere, mit einem Wort für die von Jesus uns als Auftrag hinterlassene Liebe einsetzen. Denn Jesu letzte Bitte, die er vor seinem Tod an seine Jünger und damit an alle richtete, lautet: „Liebet einander, wie ich euch geliebt habe. Ihr seid meine Freunde, wenn ihr tut, was ich euch auftrage: Liebet einander!" (Joh 15. Kapitel).

Das gelebte Evangelium ist die beste Verkündigung und zugleich der Beweis, daß Gottes Wort nicht umsonst gesprochen, sondern sichtbar geworden ist in unserem Leben.

Mit unseren Gaben zum Altar

*Die Schöpfung, Geschenk
unseres Gottes –
Wir schenken sie ihm...*

Einzelthemen:

Brot und Wein
Den Tisch bereiten
Geben und Nehmen

ANTON DOSENBERGER

Brot und Wein

Warum nahm Jesus bei seinem Letzten Abendmahl nicht Fleisch, Fisch, Kaviar, Pastete oder sonst eine Köstlichkeit der damaligen Feinschmecker-Küche? Warum reichte er ganz schlicht Brot und Wein?

Man könnte diese Frage einfach beantworten mit dem Satz: „Weil es beim jüdischen Paschamahl üblich war, neben dem Lamm besonders Kräuter, Brot und Wein zu genießen. Die Bibel berichtet eben so und nicht anders. Sie verbindet mit Brot und Wein den Bericht von der Wandlung."

Doch, waren nicht bereits damals Brot und Wein für das tägliche Leben so wichtig, daß Jesus mit dem Essen und Trinken dieser Gaben unserer Erde mehr sagen, sich selbst verbinden, also die tiefste Vereinigung mit Gott schenken wollte? Brot und Wein waren damals so grundlegend wichtige Nahrungsmittel, daß mit ihnen Begriffe wie Leben und Glück, ja sogar Gott selbst verbunden werden konnten.

Können wir heute noch ebenso denken?

Was halten Sie vom Brot?

Man muß zuerst einmal richtig Hunger gehabt und Sehnsucht nach Brot verspürt haben, um zu wissen, wie gut es schmeckt und wieviel Kraft darin enthalten ist. Brot ist gleichbedeutend mit Glück, weil es den Hunger stillt und zufrieden macht. Brot enthält auch in seiner einfachsten Art, selbst noch als trockenes Stück, zahlreiche Vitamine, Mineralstoffe, Stärke. Der Mensch vermag allein mit Brot und Wasser lange Zeit zu überleben.

Freilich, manchmal scheint mir, als habe in unseren wohlstandsgesättigten Weltregionen das Brot zumindest seine geistige Kraft verloren. Es wird nicht mehr geschätzt. Das tägliche Brot, um das wir von Kindesbeinen an im Vaterunser beten, wird für viele zur alltäglichen Selbstverständlichkeit. Zuviel davon landet in den Abfallkörben.

„Wenn nur Brot da wäre zum essen! Zähne würden sich schon finden", sagt ein russisches Sprichwort. „Brot ist der Stab des Lebens!" bekennt Abraham Swift in seinem Märchen von der Tonne. Schließlich drückt der römische Dichter Horaz die Bedeutung des Brotes so aus: „Brot mit Salz wird den bellenden Magen gut besänftigen!"

Auch für Jesus ist das Brot so wichtig, daß er mit ihm die Verheißung des ewigen Lebens verbindet, wenn er sagt: „Ich bin das Brot des Lebens; wer zu mir kommt, wird nicht hungern, und wer an mich glaubt, wird nicht mehr dürsten" (Jo 6,35).

Der christliche Dichter Angelus Silesius vertieft diese Aussage in seinem Cherubinischen Wandersmann: „Das Brot ernährt dich nicht: was dich im Brote speist, ist Gottes ew'ges Wort, ist Leben und ist Geist."

Miteinander teilen – verzehren und hingeben...

Für den feinfühligen Menschen ist Brot bis heute Zeichen und Sinnbild von Leben und Glück geblieben.

Aus seiner Grundbedeutung für das menschliche Dasein lassen sich zahlreiche weitere Bedeutungen ableiten.

Wenn wir in der heiligen Messe Brot zum Altar bringen, tragen wir mit ihm unser ganzes Leben, unsere Sehnsüchte, Freuden und Leiden, kurz alles, was uns im Leben beglückt und froh macht, aber auch alles, was an Erwartung, unerfüllten Hoffnungen uns zur Bewältigung aufgeladen bleibt, zum Altar. Wir bringen uns also selbst in Brot und Wein: unseren Leib und unser Leben.

Brot ist aus der Sicht seiner Entstehung auch ein Symbol menschlicher Gemeinschaft: aus vielen Körnern zu einer Einheit zusammengetragen, gemahlen und zum stärkenden Brot gebacken, zeigt es eindrucksvoll, wie tief verbunden wirkliche Glaubensgemeinschaft ist und welche Kraft sie entfalten kann.

Das Brot wird in der heiligen Eucharistie auch geteilt, gebrochen und entfaltet sich so zum Zeichen der Mitmenschlichkeit, des brüderlichen Teilens.

Und schließlich wird das Brot verzehrt, um zu stärken und neues Leben zu bewirken. Damit entfaltet es sich zum Symbol der Hingabe, des Sich-verzehren-lassens, eben der unübertrefflichsten Liebe. Damit ist uns ein greifbares, buchstäblich „schmeckendes" Bild für die Hingabe Gottes an den Menschen vor Augen gestellt. Gott geht in seinem Sohn Jesus Christus so weit, daß er sich vom Menschen ganz vereinnahmen und aufnehmen läßt, wenn er sich in der heiligen Wandlung in die Gestalt des Brotes begibt: Mitte und Höhepunkt der heiligen Eucharistie.

Auch hier wird wiederum deutlich, wie lebensnah die Elemente und die Sprache der heiligen Messe sind. Sie sind aus dem täglichen Leben gegriffen und in die Dimension Gottes hineingehoben. Sie wollen ihrerseits hinweisen auf Gottes Dasein und Wirken in unserem Leben.

Wein und Freude

Gleiches und Ähnliches und vieles darüber hinaus läßt sich vom Wein sagen. Freilich verbinden sich mit ihm aufgrund seiner berauschenden Wirkung auch Bilder der Gefahr und Zerstörung des Menschen. Doch der Gedanke der Freude und des Glückes überwiegt.

Seit altersher zählt der Wein zu den Kostbarkeiten des Lebens. So sagt der altgriechische Schriftsteller Plutarch: „Der Wein ist unter den Getränken das nützlichste, unter den Arzneien die schmackhafteste, unter den Nahrungsmitteln das angenehmste." Und Psalm 104 spricht davon, daß der Wein des Menschen Herz erfreut.

Die Aussagen über den Wein sind fast unzählig, so daß hier einige genügen. Insgesamt ist der Wein, im rechten Maß genossen, reichhaltiges Symbol für Lebenskraft, Stärke, Lebensbejahung, Gesundheit, Gelassenheit, Lebendigkeit und Heiterkeit des menschlichen Geistes.

Die Bibel spricht ausdrücklich von der reinigenden und heilenden Kraft des Weines. Man denke nur an das Gleichnis von jenem Mann, der auf seinem Weg nach Jericho unter die Räuber gefallen, geschlagen und ausgeraubt worden war. Der barmherzige Samariter findet ihn und hebt ihn auf. Und es heißt, daß er Wein und Öl in seine Wunden gießt. Der Wein hatte nach damaligen medizinischen Vorstellungen also reinigende und desinfizierende Wirkung.

Drei weitere Symboldeutungen des Weines seien hier kurz erwähnt. Der Wein deutet ebenso wie das Brot auf Gemeinschaft hin: aus vielen Trauben gekeltert und zur Einheit zusammengeflossen. Ferner ist der Wein durch seinen langen Wachstums- und Gährungsprozeß bis hin zur Klarheit und Reife ein Symbol für den im Leben und Glauben bewährten, gereiften Menschen.

In früheren Zeiten wurde das köstliche Getränk des Weines auch mit dem Leid in Verbindung gebracht: gekeltert und gepreßt, ist der Wein die kostbarste Frucht, nachdem er den schmerzlichen Prozeß des Gemahlen- und Ausgepreßt-Werdens durchgestanden hat. Häufig finden wir in alten Darstellungen das Bild von Christus, dem Keltertreter. Er ist es, der uns zur Reife führt.

Vor Gottes Angesicht

Wenn wir also Wein zum Altar bringen, tragen wir auch unseren Geist, unser frohes Herz vor Gottes Angesicht. Es ist das Herz, das sich an den Früchten dieser Erde freuen kann. Wir tragen vor Gottes Angesicht die

Begeisterungsfähigkeit, unsere großen und kleinen Glückserlebnisse, das Wahre, Gute und Schöne, die Bewährung im Leben ebenso wie die geistig-geistliche Dimension unseres Daseins. Und wir bringen diese Kostbarkeiten vor Gott, als wollten wir sagen: Du hast uns dies alles geschenkt. Dir danken wir. Mit dir freuen wir uns. Du sollst mit dabei sein, wenn wir glücklich sind. Du sollst teilhaben an unserer Freude. Du darfst gerade dann nicht ausgeschlossen sein, wenn wir aus den Kräften dieser Erde schöpfen.

Frucht menschlicher Arbeit

Bei der Neufassung der liturgischen Texte für die heilige Messe hat der damalige Papst Paul VI. besonderen Wert darauf gelegt, daß bei der Darbietung von Brot und Wein auch die Formulierung „Frucht der Erde und der menschlichen Arbeit" verwendet wird.

Der Papst, der sich schon als Kardinal von Mailand immer den arbeitenden Menschen verbunden wußte, ihre Last und Mühe kannte beim Verdienen des täglichen Brotes, wollte damit eben zum Ausdruck bringen, daß unsere Gaben nicht nur Geschenke sind, sondern auch das Ergebnis täglicher Mühe und Anstrengung. Damit wird die Arbeit in das heilige Geschehen am Altar, in die Begegnung des Menschen mit seinem Gott einbezogen. Und somit stehen Brot und Wein auch für die Errungenschaften der Wissenschaft und Technik, für Maschinen, Produktionsstätten, Flugzeuge, Operationstechniken, Weltraumfähren. Sie stehen für die zahlreichen Werke des Geistes, der Kunst, der Kultur, für die Schöpfungen der Musik und Literatur, für den schlichten Dienst am alten und kranken Menschen. Alles, was der Mensch schafft, ist in den Gestalten von Brot und Wein am Altar vertreten. Eine wunderbare Komposition des gesamten Weltalls und alles dessen, was der Mensch gemacht hat.

Und noch eines: Der Gläubige kommt zum Altar mit

der Last und Lust eines arbeitsreichen Alltags. Hier findet er Bestätigung für sein Mühen. Hier wird er ganz und vorbehaltlos angenommen vom ewigen Schöpfer. Hier findet er Geborgenheit, Freundschaft mit Gott, Liebe, Frieden. Und er erlebt Anerkennung, die ihm im Leben so oft versagt bleibt.

Zusammenfassend könnte man über die Bedeutung von Brot und Wein auf dem Altar sagen: „O Tiefe, Weisheit und beglückende Fülle, die in diesen Gaben und im Schenken an Gott für den wirklich sehenden Menschen enthalten ist!"

Wir bringen unsere Gaben

Als besonders wichtig betrachte ich bei der Bereitung der Gaben und dem begleitenden Gebet das Wörtchen „wir". Mit diesem kleinen Wort ist klargestellt, daß die Darbringung der Gaben nicht Sache von einzelnen Menschen, von Einzelgängern oder einzelnen Personen, wie etwa dem Priester ist, sondern Sache der Gemeinschaft. Sie bringt die Welt mit ihrer ganzen Vielfalt zum Altar.

Daraus ergibt sich für die Gemeinde die heilige Pflicht, von Herzen und mit ganzer Aufmerksamkeit mitzutun und mitzufeiern. Keiner soll sich ausgeschlossen fühlen. Jeder ist ein Stück dieser Welt. Jeder ist ein Stück Brot, ein Tropfen Wein, Frucht der Erde und menschlicher Anstrengung. Jeder ist hineingenommen auch in den Prozeß der Annahme und inneren Wandlung durch Gott.

Wer dies immer wieder überdenkt, wird die Bereitung der Gaben nicht nur als ein Schenken an Gott betrachten, sondern er wird sich selbst reich beschenkt erleben in diesem heiligen Geschehen.

So könnte auch in diesem Teil die heilige Messe wieder zu einem beglückenden Erlebnis werden, das unseren Alltag bereichert und befruchtet, das unserer Arbeit und Mühe wieder Sinn und Kraft gibt.

PETER HINSEN

Den Tisch bereiten

Was früher Opferung genannt wurde, heißt heute Gabenbereitung. Es geschieht immer noch das gleiche, aber es wird anders gesehen und darum auch etwas anders gestaltet. Wurde früher in der Opferung – bedingt durch einige mißverständliche Gebete – fast eine Vorstufe der Wandlung gesehen, so liegt jetzt der Akzent auf der Bereitung der Gaben. Tatsächlich ist das Tun bei diesem Teil der Messe das wichtigste.

Wir sind zwar gewohnt, daß bei der Gabenbereitung – wie auch sonst bei liturgischen Handlungen – das deutende Gebet nicht fehlt, aber das war nicht immer so. Bis zum 9. Jahrhundert sah man darin überhaupt keinen eigentlichen liturgischen Akt, sondern eine alltägliche Handlung, die eben notwendig ist, wenn etwas auf dem Tisch stehen soll. Und doch spürten die Teilnehmer, daß in diesem äußeren Tun eine tiefe geistliche Aussage steckt.

Wer zuschaut, wie der Tisch für das Herrenmahl gedeckt und Brot und Wein herbeigebracht werden, oder gar selbst dabei mithilft, dem gehen doch auch ohne erklärende Worte die Augen auf. Hier geschieht, was damals am Abend vor der Hinrichtung Jesu geschehen ist.

Bereitet alles für uns vor

Jesus schickte zwei seiner Jünger voraus, damit sie das Mahl vorbereiteten (Mk 14,12-16). Zwar war der Saal schon einigermaßen hergerichtet. Der Tisch und die Sitzpolster waren vorhanden. Doch für ein Mahl, an dem dreizehn Personen teilnehmen sollten, blieb immer noch allerhand zu tun. Da mußte Wasser bereitgestellt werden, damit die Leute sich etwas erfrischen und ihre Hände und Füße waschen konnten. Der Tisch mußte gedeckt werden, Handtücher sollten parat liegen, der Wein und das Brot besorgt werden, dazu ein großer Trinkbecher und eine Brotschale. Die Leuchter mußten angezündet werden. Nicht zu vergessen das Osterlamm mit allerlei Zutaten, wie die verschiedenen Bitterkräuter. Auch eine Schriftrolle sollte zur Hand sein, denn man wollte doch die Geschichte vom Auszug aus Ägypten hören. All dies hatte zu geschehen, bevor der Meister mit den übrigen Jüngern den Saal betrat.

So war es auch in den frühen christlichen Gemeinden, wenn sie sich zum Herrenmahl versammelten. Der Gastgeber richtete einen dafür geeigneten Raum her, wobei ihm gelegentlich noch einige aus der Gemeinde halfen. Dann konnten die Leute kommen, um Eucharistie zu feiern.

Das versuchen die Anweisungen des neuen Meßbuches wieder neu aufzugreifen: Nach Abschluß des Wortgottesdienstes breiten der Diakon oder die Meßdiener das „Korporale", ein kleines Tischtuch, auf dem Altar aus, bringen Meßbuch und den leeren Kelch zum Altar, dazu das Kelchtüchlein, das gewissermaßen als Serviette dient. Der Priester und die Gemeinde sollten in Stille dieses Geschehen verfolgen. Dann erst werden die Gaben herbeigebracht. Dieses „heilige Schweigen" macht deutlich, daß jetzt ein neuer Abschnitt der Liturgie beginnt.

Jeder trage etwas bei!

In der Frühgeschichte unserer Eucharistiefeier wurde sehr viel Wert darauf gelegt, daß wirklich jeder seinen Beitrag dazu leistete. Paulus ermahnt ausdrücklich dazu (1 Kor 14,26). Dabei hat er vor allem den liturgischen Teil im Blick: Die Gebete, Gesänge, Lesungen und Predigten. Aber er spricht auch von den Speisen. Sie wurden von den Teilnehmern größtenteils selbst mitgebracht. Diese wurden in erreichbarer Nähe oder sofort auf dem Tisch abgestellt. Paulus rügt den Mißstand, daß etliche Wohlhabende das Mitgebrachte selbst verzehrten, anstatt es mit den anderen, vor allem den Armen zu teilen (1 Kor 11,20 f).

Natürlich stand meist mehr auf dem Tisch als für die Eucharistie benötigt wurde. Was zu viel war, sollte den Armen in der Gemeinde gehören. Mit der Zeit wurden nicht mehr nur Lebensmittel gebracht, sondern auch Geld. Dies führte zu dem Brauch, die Spenden während des Deckens des Altares und dem Herbeibringen der Gaben einzusammeln. Sie waren – wie schon gesagt – für die Armen bestimmt, aber auch für den Lebensunterhalt der Kleriker. Dies ist bis zum heutigen Tag so, denn nicht überall sind die Gemeindeseelsorger wie in Deutschland durch eine Kirchensteuer gesichert. Darüber hinaus dient die Kollekte den vielfältigen Aufgaben der Ortsgemeinde und der ganzen Kirche.

Die Einheit mit den Gaben für die Eucharistie kann dadurch angedeutet werden, daß die Spenden in der Nähe des Altares (nicht auf ihm) niedergelegt werden. Vielerorts ist es sogar üblich, daß die Gläubigen bei bestimmten Anlässen wie einem Requiem oder besonderen Festtagen einen eigenen Opfergang halten und so ihre Gaben selbst zum Altar bringen. Wegen der starken Ausdruckskraft sollten solche Bräuche weiter gepflegt werden.

Daß die Kollekte zum festen Bestandteil des Gottesdienstes gehört, wird deutlich im vierten eucharistischen Hochgebet, in dem Fürbitte eingelegt wird „für alle, die ihre Gaben spenden".

Zur Eucharistiefeier gehört also wesentlich, daß jeder entsprechend seinem Besitz und seinen Fähigkeiten etwas zur Gestaltung beiträgt und andere daran teilnehmen läßt. So entsteht und wächst Gemeinschaft.

Wir bringen gläubig Brot und Wein

Heute bringen die Gläubigen die Gaben nicht mehr von zu Hause mit. Daß es aber dennoch ihre Gaben sind, wird in vielen Gemeinden dadurch sichtbar gemacht, daß die Gottesdienstbesucher beim Betreten der Kirche selbst eine Hostie in die Schale legen. Das ist nicht überall praktikabel, aber auf jeden Fall sollten die Gaben aus den Reihen der Gläubigen zum Altar gebracht werden. An Feiertagen kann dies auch in einer kleinen Prozession geschehen, gestaltet von den Ministranten oder von einigen aus dem Kreis der Mitfeiernden. Es ist sinnvoll, dies mit einem Psalm oder Lied zu begleiten. Wo aber die Prozession entfällt, da ist auch das Lied fehl am Platz.

Vielerorts werden die Gaben fast unbemerkt von einem versteckten Tischchen herbeigebracht. Als Grund wird meist angegeben, daß dies weniger Zeit und Aufhebens erfordere. Dabei ist doch gerade das Herbeitragen der Gaben – abgesehen vom Essen und Trinken bei der Kommunion – der stärkste leibhafte Ausdruck für das Mittun der Gemeinde.

Dieses und die Entgegennahme der Gaben durch den Priester ist – wie das Meßbuch ausdrücklich betont – das eigentliche Zentrum der Gabenbereitung, und nicht die Gebete.

Früchte der Erde und der menschlichen Arbeit

An vielen Stellen verrät die äußere Form der Eucharistiefeier, daß sie aus dem jüdischen häuslichen Mahl hervorgegangen ist. Wie dort der Hausvater das Brot auf seine Hände legt, die er Gott entgegenstreckt, so tut es auch der Priester. Dies geschieht teils schweigend, teils begleitet von stillen Gebeten, die im Laufe der Zeit mehrfach geändert wurden. Papst Paul VI. hat sich persönlich bei der Liturgiereform dafür eingesetzt, daß auch hier wieder an die altehrwürdige jüdische Tradition angeknüpft wird. So wie Jesus als Kind das familiäre Tischgebet erlebte, wie er selbst immer und immer wieder sprach bei den gemeinsamen Essen mit Freunden und Gegnern, mit Gerechten und Sündern und auch bei seinem letzten Mahl am Abend vor seinem Leiden, so betet nun der Priester: „Gepriesen bist du, Herr unser Gott, Schöpfer der Welt. Du schenkst uns das Brot und den Wein, die Früchte der Erde." Und Paul VI. ließ noch anfügen: „Und der menschlichen Arbeit". Damit wollte er unseren Einsatz und unsere Mühen des Alltags anerkennen. Zugleich kommt in diesem Zusatz aber auch zum Ausdruck, daß die Gläubigen sich selbst mit diesen Gaben schenken wollen, denn sie sind durch ihre Arbeit mit ihnen verbunden.

Wie Wasser sich mit Wein verbindet...

Die Liturgie lebt sehr stark aus Symbolen. Das verleiht ihr überzeitliche Aussagekraft. Doch das Symbol ist – das gilt es ebenso zu bedenken – stets Reduzierung und Formalisierung der Wirklichkeit.

Wirklichkeit des Alltags war und ist in südlichen Ländern, daß der Wein nicht pur getrunken wird, sondern stets vermischt mit Wasser. So ist es selbstverständlich, daß dies in Palästina und in den übrigen Mittelmeerländern, in denen das Christentum sich zuerst ausbreitete, auch bei der Eucharistiefeier geschah. Als aber die Theologen des Nordens immer mehr die Liturgie der Kirche bestimmten, wurde zwar diese Mischung beibehalten, doch zu einem winzigen symbolischen Tropfen reduziert und mit einer Deutung versehen, die ursprünglich damit in keinem Zusammenhang stand. Dieser Tropfen sollte Symbol sein „unserer Teilhabe an der Gottheit Christi, der unsere Menschennatur angenommen hat." Das ist ein Zeugnis für das Bedürfnis mancher Epochen, jedes Tun im Gottesdienst durch eine theologische Aussage zu vergeistigen. Um es klar zu sagen: die Mischung war lediglich eine praktische Gewohnheit. Sie ist darum auch nicht für die Gültigkeit der Eucharistiefeier erforderlich. Deshalb sollte sie auf keinen Fall größere Beachtung finden als bedeutsamere Zeichen.

Herr, wasche ab meine Schuld

Wenn die Gaben herbeigebracht und bereitet sind, dann wäscht sich der Priester die Hände. Das war eigentlich selbstverständlich, wenn wir daran denken, daß ursprünglich der Priester allerlei Opfergaben entgegenzunehmen hatte. Eine ähnliche Reinigung der Hände geschieht ja auch nach der Austeilung der Asche oder der Palmzweige oder nach Salbungen. Aber heute macht der Priester sich bei der Gabenbereitung die Hände ja nicht mehr schmutzig. Darum kann der Sinn der Händewaschung nicht allein in der Reinigung und Erfrischung liegen. Diese ist z. B. in Rom auch erst seit dem 14. Jahrhundert bekannt. Die begleitenden Gebete zeigen an, daß dieses Geschehen vor allem die persönliche Bitte des Priesters um Vergebung der Sünden ausdrücken soll. Früher wurde der 2. Teil des Psalms 26 (25) Judica gesprochen, beginnend mit dem Wort „Lavabo", wonach die ganze Handlung schließlich benannt wurde, vielerorts auch die dabei verwendete Wasserschale. Heute betet der Priester einen kurzen Vers aus dem Psalm 51 (50) Miserere: „Herr, wasche ab meine Schuld, von meinen Sünden mache mich rein!"

Er vollzieht damit das, was die Gläubigen schon beim Betreten des Gotteshauses tun, wenn sie ihre Hände in das Weihwasserbecken tauchen. Man kann sich freilich fragen, ob eine Wiederholung der Vergebensbitte sinnvoll ist, nachdem sie schon zu Beginn des Gottesdienstes in einem Bußritus ausgesprochen wird. Doch das Bekenntnis des Priesters, der Reinigung zu bedürfen, ist einerseits ein Akt der Demut, andererseits entlastet es ihn von überzogenen Erwartungen der Gemeinde. Es verleiht dem Priester – der keineswegs makellos ist – die Kraft, den Auftrag zum heiligen Geschehen im eucharistischen Hochgebet anzunehmen.

Betet, Brüder und Schwestern...

Nun kann die eigentliche Eucharistiefeier beginnen. Die Vorbereitung wird abgeschlossen und das Hochgebet eingeleitet durch das Gebet, in das alle Gläubigen einbezogen werden. Der Priester weiß, daß es sich hierbei um „mein und euer Opfer" handelt.

Dieses Opfer umfaßt mehr als nur die Gaben von Brot und Wein auf dem Altar. Darin sind auch die Mühen des Alltags, die Erfordernisse des täglichen Lebens und die Beschwernisse der Nachfolge Christi enthalten. Obwohl – bedingt durch den Einfluß von vielen theologischen Strömungen zu verschiedenen Zeiten – keine einheitliche Aussage in den Gabengebeten genannt werden kann, so ist doch im allgemeinen der Kern von der Bitte bestimmt: „Nimm unsere Gaben an!"

Das Gebet über die Gaben hat „die Funktion des Präsidiums oder Zwischenspiels vor dem Hochgebet" (Th. Schnitzler). Vielfach, vor allem in sehr alten Texten, fehlt sogar die Bitte. Es wird einfach vesucht, das zu tun, was Jesus getan hat: Er sprach den Lobpreis (Mk 14,22). So erklingen oft bereits im Gabengebet die ersten Akkorde der folgenden Präfation, des Beginns des Hochgebetes.

Gemeinsames Tun

Für das Verständnis der Gabenbereitung ist ein Umdenken erforderlich. Die Gläubigen konnten früher an diesem Geschehen kaum Anteil nehmen. Da der Priester ihnen den Rücken zukehrte, war auch nicht einmal etwas zu sehen. Das Volk war auf Erklärungen angewiesen, auf eine sehr abstrakte, vergeistigte Mitfeier. So gewannen die begleitenden Gebete eine starke Bedeutung. Während der Priester das Meßopfer feierte, blieb dem Volk nur die fromme Betrachtung. Daher stand der Gedanke des Opfers im Vordergrund. Die Bereitung der Gaben war ja nicht mehr deutlich erkennbar.

Am Anfang, als die Gläubigen sich noch aktiv an der Bereitung des Tisches und der Gaben beteiligen konnten, war das nicht so. Daß uns die Liturgiereform wieder neue Möglichkeiten zur Mitgestaltung eröffnet hat, dafür sollten wir dankbar sein. Aber wenn das Volk zuschauen und mittun kann, braucht es keine deutenden Gebete mehr. Deshalb wurden sie in der jüngsten Reform stark reduziert und verkürzt. Das Gebet hat nämlich seinen eigentlichen Platz im eucharistischen Hochgebet. Bei der Gabenbereitung „ist es der Würde und Tiefe des Geschehens genug, wenn man schlicht **tut**, was der Herr beim Abendmahl getan hat" (R. Berger). Das ist uns aufgetragen zum Gedenken an ihn und zu unserem Heil.

ALOIS FRANK

Geben und Nehmen

Sind wir vor Gott nicht alle Bettler? Haben wir etwas, das nicht von ihm kommt? Wir sind Beschenkte, immer wieder neu Beschenkte. Geben und nehmen, nehmen und geben: dieser wechselhafte Tausch prägt die Eucharistie. Wir bringen die Gaben zum Altar, Brot und Wein, Gott nimmt sie an, verwandelt sie in Jesu Leib und Blut und gibt sie uns wieder zurück in der heiligen Kommunion. Ohne Gabenbereitung keine Messe und kein „Brot des Lebens".

Nicht anders im Leben des Christen: Wer nicht gibt, hat auch kein Recht, zu empfangen. Das gilt zwischen Mensch und Gott, aber auch von Mensch zu Mensch.

Ich wünsche mir so vieles

Wünschen und Habenwollen sind ein Bestandteil unseres Lebens. Es beginnt beim Baby in der Wiege; greift es nicht bald nach allem und will es haben? Das heranwachsende Kind hat tausend Wünsche, oft ungewöhnlicher Art. Es glaubt sogar, dies stehe ihm zu. Mancher kauft alles Mögliche zusammen, es bezaubert und verzaubert ihn, mag es nützlich sein oder nicht. „Der andere hat es, ich muß es auch haben." Ist das nicht ein gefährliches Fieber?

Im Grunde ist jeder davon befallen. Und wer nimmt nicht mit Freuden eine Gabe oder Leistung, die nichts kostet? Wer kauft nicht lieber dort ein, wo gut gewogen wird oder noch eine Dreingabe erfolgt?

Auch in anderen Bereichen will der Mensch unabhängig leben: Wie viele wünschen, daß sie im Mittelpunkt zu stehen kommen, im Rampenlicht der Öffentlichkeit, daß man sich nur um sie kümmert, daß sie zuerst bedient werden? Nicht wenige sind beleidigt, wenn man sie, vielleicht völlig ungewollt, übersieht, nicht „ordnungsgemäß" tituliert, nicht für sie da ist? Daß andere auch ihre Sorgen und Arbeiten haben und mit ihrer Zeit rechnen müssen, das kommt ihnen kaum in den Sinn. „Ich, ich, immer nur ich!" So denken sie, so handeln sie.

Dieses Wünschen – im kleinen wie im großen – kann aber nie voll befriedigt werden. So entstehen Reaktionen wie Eifersucht, Lieblosigkeit, sogar Haß und im öffentlichen Leben Gewalt, ja sogar Streit und Krieg. Dabei machen solche gewalttätigen Äußerungen den Menschen nur noch unzufriedener, unglücklicher. Und es erhebt sich die Frage: Wenn nicht so, wie kann dann anders der Mensch zufrieden und glücklich werden?

Geben ist seliger als nehmen

Worte wie „Da-sein für andere", „selbstlos handeln" „Hingabe seiner selbst" werden von vielen nicht mehr verstanden. Sie gelten als veraltet, obwohl trotz allem Fortschritt der einzelne für sich allein doch nicht leben kann, sondern immer wieder die Hilfe anderer braucht.

Hingeben, sich hingeben heißt zunächst „her-geben". In letzter Konsequenz bedeutet es, sich selbst preisgeben, sich aufgeben und für den anderen dasein. Man löst sich damit von sich selbst, von seinen Vorhaben und Wünschen und wendet sich voll dem Bedürftigen zu.

Jede selbstlose Hingabe gleicht der Darbringung der Gaben auf dem Altar während der eucharistischen Handlung. Hier wie dort gilt nur eines: weg von sich selber, hin zu dem, was uns ruft. Wie die Erlösung der Menschheit nur durch die einmalige Hingabe Jesu an seinen Vater erwirkt wurde, so kann im gesamten menschlichen Dasein immer wieder nur unsere persönliche Hingabe, der Verzicht auf uns selber, das Dasein für andere, die Menschen erlösen von ihrer Selbstbefangenheit, Ichsucht und Unzufriedenheit.

Die Liebe Jesu drängt uns

Gott hat das Leben des Menschen und der menschlichen Gesellschaft auf das Prinzip des Gebens und Nehmens aufgebaut. Schon Paulus schreibt an die Gemeinde in Rom: „Keiner von uns lebt sich selber, keiner stirbt sich selber" (Röm 14,7). Und er ermahnt die Christen, für den Herrn dazusein, ebenso für den Bruder und die Schwester: „Wir müssen als die Starken die Schwäche derer ertragen, die schwach sind, und dürfen nicht für uns selber leben. Jeder soll Rücksicht nehmen auf den Nächsten, um Gutes zu tun und die Gemeinde aufzubauen." (Röm 15,1 ff).

Paulus weist dabei auf Jesus hin, der uns durch sein Leben und seinen Tod das Beispiel dafür gab. Christsein heißt demnach, sich an Jesu Leben orientieren, Christi Liebe nachahmen. Gewiß ein Ideal, das nur wenige und nur teilweise erreichen. Immerhin steht fest, daß Jesu Leben sich in der Hingabe erschöpft hat. Er wurde Mensch, einer von uns. Er diente den Menschen und ging „Wohltaten spendend" durch das Land. Für sich forderte er keinen Lohn, nur den Glauben an seine Sendung.

Wie Jesus sich dem Willen des Vaters hingab, so mußten sich auch jene, die Heilung erbaten, im Glauben ihm zuwenden. Die biblischen Heilungsberichte bestätigen: Nur wer an Jesus glaubte, wurde von ihm beschenkt. In diesem Glauben erfuhren die Beschenkten das Glück der Geborgenheit in Gott. Und durch diesen Glauben wurden sie fähig, sich anderen zuzuwenden: den Armen, Kranken, Einsamen, Geächteten, den Ungläubigen.

Dieser Glaube drängte sie geradezu, Jesu Tun auf ihre Weise fortzusetzen, nämlich seine Liebe anderen zu vermitteln. Die Liebe des Herrn wirkte „ansteckend", wie Paulus an die Korinther schreibt: „Caritas Christi urget nos – Die Liebe Christi drängt uns." Nur auf dem Hintergrund dieses Glaubens ist der Mensch fähig, sich an andere herzugeben, ja sich zu verlieren.

Wenn wir also die Gabenbereitung bei der Eucharistiefeier richtig miterleben, dann muß auch unser Alltag miteinbezogen sein. Wir dürfen nicht nur den Priester Brot und Wein darbringen lassen, sondern müssen auch selbst etwas mitbringen, nämlich das, was wir Gutes getan haben, sowie unsere Bereitschaft, weiterhin um Jesu willen uns als seine Brüder und Schwestern zu erweisen, das heißt füreinander dazusein. Jesu Liebe soll in unserem Leben in Erscheinung treten und Gestalt annehmen.

Unzählige haben uns das vorgelebt. Die Heiligen und jene Frauen und Männer, die, ungeachtet von der Öffentlichkeit, Kraft, Gesundheit, ja ihr ganzes Leben im Dienst ihrer Mitmenschen verbrauchten.

Laß die Liebe in deinen Alltag!

Einige praktische Hinweise, die beim rechten „Geben und Nehmen" helfen sollen:

1. Habe den Mut zum Geben!

Frage nicht ängstlich, ob der Bittende wirklich bedürftig ist, ob das Geld wirklich an die richtige Stelle kommt. Jesus sagt: „Was ihr für einen meiner geringsten Brüder tut, das habt ihr mir getan" (Mt 25,40). Das Argument, man müsse heute aufpassen, um ja nicht ausgebeutet zu werden, zieht auf dem Hintergrund christlicher Lebensanschauung, zumal im Blick auf die Eucharistie nicht. Wer wahrhaft liebt, setzt sich immer aus...

2. Wenn du gibst, gib von Herzen!

Es ist unmenschlich, den Bedürftigen einen „Brocken" hinzuwerfen wie einem Hund. Auch der Bedürftige ist Mensch „wie du und ich", ist ein Kind Gottes, ein Erlöster und lebt in Gottes Hand, auch wenn er sich dessen nicht bewußt wird. Er verdient beachtet und als Mensch behandelt zu werden. Eine Gabe, die nicht von Herzen kommt, mag in der Sammelliste einen guten Platz einnehmen, vor Gott aber ist sie so gut wie wertlos. Jeder ehrliche Mensch wird nicht viel von ihr halten. Das Herz, oder besser gesagt, die Liebe macht die geringste Gabe wertvoll, und bestünde sie auch nur in einem guten Wort oder einem mitfühlenden Händedruck.

3. Gib, was du kannst!

Von meiner Mutter habe ich's gelernt. Sie lehrte uns, jedem „Handwerksburschen", wie man damals die Bettler nannte, ein Pfennigstück (damals noch ein Wert!) oder ein Stück Brot zu geben. Wir waren selber arm. Mutter aber sagte: „Wir haben zu essen. Wer hungern muß, ist noch ärmer." Sie handelte nach dem Spruch: „Gutes tun armet nicht". Geiz ist ein abscheuliches Laster, weil es direkt gegen die Liebe verstößt. Wer kleinlich ist im Geben, obwohl er reichlich geben könnte, sollte an Matthäus 10,8 denken, wo Jesus seine Jünger aussendet, damit sie predigen, Kranke heilen, Tote erwecken, Dämonen austreiben. Und er prägt ihnen ein: „Umsonst habt ihr empfangen, umsonst sollt ihr geben!"

4. Du hast Leben in deiner Hand

Vom Geben der einen können andere leben. Das tritt hierzulande nicht so sehr in Erscheinung. Wohl aber in den Missions- und Entwicklungsländern. So kann sich nach den Berichten unserer Missionare in Indien für eine gespendete Mark ein Mensch für einen Tag sattessen. Freilich ist auch der Tagesverdienst nicht viel höher als eine Mark. Und es ist nicht damit getan, daß der Missionar das Evangelium verkündet, er muß auch dafür sorgen, daß die vor ihm sitzenden Zuhörer etwas zu essen haben. Essen bedeutet Leben, und erst wenn der Hunger gestillt ist, sind die Herzen der Leute aufnahmebereit für die Botschaft Jesu. Gewiß wird heute die Gebefreudigkeit gerade der Gläubigen oft sehr „strapaziert". Aber es besteht auch die Tatsache, daß in vielen Teilen der Welt die Not unsagbar groß ist. Jedermann müßte sich hier engagieren, vor allem der Christ. Keiner sollte sich drücken vor der Pflicht zur sozialen und karitativen Tätigkeit und Bereitschaft. Diese Pflicht wird in jeder Eucharistiefeier durch die Gabenbereitung deutlich gemacht.

Daher ist es auch seit jeher kirchlicher Brauch, daß gerade zur Gabenbereitung (früher „Opferung") die Gaben der Anwesenden eingesammelt werden. Früher ging der „Klingelbeutel" durch die Bänke. Heute werden Sammelkörbchen durchgereicht. Jeder wird dadurch aufgefordert, nach seinem Ermessen zu spenden. Der Verwendungszweck der Sammlung wird meist rechtzeitig bekannt gegeben. Auch die Großsammlungen zu „Adveniat", zu „Misereor" und zum „Missionssonntag" finden in der Messe statt. Mit der Gabenspendung ist also reichlich Gelegenheit gegeben, sich in die Eucharistiefeier einzubeziehen mit allem, was man ist und besitzt.

Der Mensch gibt, Gott gibt zurück. Der Mensch gibt nach seinem Maß, Gott gibt im Übermaß. So kann man mit Recht Jesu Worte bei Lukas 6,38 auf die hl. Eucharistie anwenden: „Gebt, dann wird auch euch gegeben werden. In reichem, vollem, gehäuftem, überfließendem Maß wird man euch beschenken; denn nach dem Maß, mit dem ihr meßt und zuteilt, wird auch euch zugeteilt werden."

Erhebt euer Herz – Gott auf dem Altar

Hochgebet und heilige Wandlung:
Mitte der Eucharistie

Einzelthemen:

Das Geheimnis tut sich auf
Vater, wir danken dir!
Heilig unser Gott
Dies ist mein Leib

ANTON DOSENBERGER

Das Geheimnis tut sich auf

Der Altar ist bereitet, der Tisch zum heiligen Mahl gedeckt. Brot und Wein haben wir als die Gaben dieser Erde und unserer Hände Fleiß unserem Gott geschenkt. Die Herzen der gläubigen Menschen sind geöffnet und bereit für das Kommende, das große Ereignis. Damit schließt sich sozusagen der erste große Kreis, der Kreis der Hinführung, um sich sogleich einem weiteren, tieferen und schöneren Rund zu öffnen. Jetzt folgt der zentrale Teil der heiligen Messe, das eucharistische Hochgebet.

„Erhebet Eure Herzen!" ertönt der Ruf des Priesters, und begeistert – mehr Begeisterung würde mancher Gemeinde gut anstehen – antwortet die Gemeinde: „Wir haben sie beim Herrn." Diese kurze Kontaktnahme in Form eines Dialogs ist der Auftakt zum festlichen Dankgebet der Kirche.

Das Hochgebet umfaßt alle Gebets- und Gesangsteile von der sogenannten Präfation bis zum Amen vor dem Vaterunser-Gebet. Es gehören also dazu die schon genannte Präfation, das Heilig-Lied, das Gebet um Annahme der heiligen Gaben, der biblische Einsetzungsbericht oder die Wandlungsworte, der Antwort-Ruf des Volkes, sowie die folgenden Gebete der Darbringung, der Bitten für Volk und Kirche, für Lebende und Verstorbene.

In der lateinischen Sprache ist die Rede vom „Kanon", der Ordnung der großen Danksagung an Gott.

Nur die deutsche Sprache kennt den Begriff „Hochgebet" für diesen Teil der Messe. Dabei klingen die Worte

Hoch-Zeit, Hoch-Form, Hoch-Kultur mit. Gemeint ist schlicht das „hohe Gebet", eben das besondere Gebet.

Kunstvoll aufgebaut, gliedert es sich in verschiedene Teile oder Strophen. Es wechseln Lied und Gebet, Gesang und Poesie, so daß sich insgesamt ein festlicher Lobpreis daraus entwickelt, der alle Kraft und Sehnsucht, alle Freude und Dankbarkeit des gläubigen Menschen zu Gott aufsteigen läßt. Es geht hierbei lange nicht nur um eine nüchterne Aneinanderreihung von theologischen Bekenntnissen. Vielmehr hebt der Mensch im heiligen Spiel sein ganzes persönliches Dasein, seine Welt mit ihrer Freude und ihrem Leid, mit den Bitternissen und Glückseligkeiten, mit den Tröstungen und Enttäuschungen, mit Erfolgen und Rückschlägen hinein in den Lichtglanz Gottes auf dem Altar. Wer hier nicht Begeisterung und Leidenschaft für Gott verspürt, wer also kalt bleibt, ist falsch am Platz. Der begreift nicht, um was es geht. Das Hochgebet umkreist von vielen Seiten das Geheimnis Gottes. Gleich wie der Mensch sich Gott nähert in zaghaften und dann wieder herzhaften Schritten, so nähert sich auch das Hochgebet dem heiligen Geheimnis. Es ist damit zugleich ein Abbild des menschlichen Daseins: ein ständiges Umkreisen Gottes, ein Sich-nähern in den verschiedensten Lebenssituationen, Erfahrungen, Begegnungen und Erlebnissen. Das heilige Spiel erreicht bei aller Würde des Augenblicks einen geradezu extatischen Höhepunkt, wenn die Worte erklingen: Dies ist mein Leib – dies ist mein Blut. Jetzt ist es also so weit. Der Mensch fällt in Ergriffenheit und stumme Anbetung. Er kniet nieder vor dem Heiligsten, vor seinem Gott.

Mit allen Generationen

Besonders das Hochgebet blickt als zentraler Teil der Eucharistie auf eine traditionsreiche und lange theologische Entwicklungs- und Frömmigkeitsgeschichte zurück. Hier würde ein Eingehen auf die Details zu weit führen.

Nur so viel sei angedeutet für einen groben Überblick: Während es im Zeitraum von gut eineinhalb Jahrtausenden ein einziges Hochgebet gab, kennen wir seit der großen Reform des Meßbuches im Anschluß an das Zweite Vatikanische Konzil, genauer seit dem Himmelfahrtstag 1968, grundsätzlich vier Hochgebete. Hinzukommen das sogenannte Versöhnungs-Hochgebet anläßlich des heiligen Jahres 1975 und ein Kinder-Hochgebet.

Kurz einiges dazu: Das älteste und umfangreichste der Hochgebete ist der sogenannte römische oder erste Kanon. Seinen Namen hat er deshalb, weil er die Liturgie der lateinischen Kirche etwa seit der zweiten Hälfte des vierten Jahrhunderts bestimmte. Vermutlich wurde er von dem spanischen Papst Damasus I. in die lateinische Kirche eingeführt. Mit ihm endet die Zeit der frühchristlichen Liturgie.

Es folgt der sogenannte zweite Kanon, der nicht weniger geschichtsträchtig und von ehrwürdigem Alter ist. Greift er doch zurück auf die frühchristliche Liturgie des heiligen Märtyrers Hippolyt. Theologisch bestimmend für dieses Hochgebet ist der Leitgedanke „Christus".

Der Liturgiewissenschaftler Theodor Schnitzler, den wir hier immer wieder zu Rate ziehen, sagt: „Dieses Hochgebet singt also ein Christuslied. Es wird zu einem Christus-Kanon, wie das römische Hochgebet ein Kirchenkanon ist... Hier sind Positionen der klassischen Christologie erkennbar..."

Eine völlige Neuschöpfung stellt das dritte Hochgebet dar, wobei dessen Texte ebenso der christlichen Glaubensüberlieferung folgen. Auch dieses Hochgebet prägt ein Zentralgedanke. Theodor Schnitzler formuliert dazu: „Wagt man den Versuch, die Gedanken des dritten Hochgebetes auf einen Generalnenner zu bringen, so möchte man vorschlagen, von einem Kanon der ‚Opfergedanken' zu sprechen oder, von der Form her gesehen, von ‚Variationen über das Thema Opfer'".

Schließlich die vierte Form des Hochgebetes. Hier handelt es sich ebenfalls um ein Werk der nachkonziliaren Erneuerung. Auch dieses baut auf der Glaubenstradition der Kirche auf. Genannt: „Kanon der Heilsgeschichte". In bewegenden Gedanken wird die Geschichte unseres Heiles vorgestellt. Aus Gott entwickelt sich die Schöpfung. Alles ist von seinem Licht durchflutet und zu seinem Lob vereint. Von Gott kommt auch der Mensch. Dessen Lebensziel ist nirgendwo anders als bei Gott. Doch der Ungehorsam des Menschen hat das Glück der Gottesnähe verscherzt. Gott seinerseits gibt es den Menschen immer wieder zurück: im Alten Bund, in Jesus Christus und nicht zuletzt in der heiligen Messe. Gott weist dabei den Menschen stets darauf hin, daß er mitwirken darf und soll an der Vollendung des Heiles, die immer noch im Gange ist.

Bei dieser groben Überschau wird deutlich, daß das Hochgebet, gleich in welcher Form, nichts anderes ist als ein großes, begeistertes Glaubensbekenntnis der Welt, des Menschen und seiner Lebensgeschichte, ja, der gesamten Schöpfung. Die heilige Wandlung, Geheimnis unserer Erlösung, wird zum Höhepunkt: Gott ist ganz da.

Die Antwort des Herzens

Bei allem Bemühen, dieses Geheimnis zu erfassen und zu verstehen, muß eines festgestellt werden: Wir können das heilige Ereignis in seiner ganzen Tiefe nicht ausloten und mit Worten beschreiben. Die Sprache versagt wie vor allen großen Geheimnissen – ebenso unser menschliches Denken.

Es bleibt die stumme Ergriffenheit, das Betroffen- und Angerührtsein aus der Begegnung mit Gott.

Dieses innere Gepackt-sein muß sich fortpflanzen hinein in unser Leben. Wer die Eucharistie wirklich mitfeiert, ist von Gott buchstäblich in Besitz genommen. Er ist ein anderer, ein neuer Mensch: von Gott erfüllt. Das sollte sich in den verschiedensten einzelnen Situationen, Stunden und Bewährungsproben als die unzerstörbare Macht, als die Glut aus dem Erlebnis der Liebe, die niemals kraftlose Asche werden kann, erweisen.

JOSEF DANKO

Vater, wir danken dir

Haben wir nicht allen Grund, Gott zu danken? Und wo ist dieser Dank mehr am Platz als in der heiligen Messe...? Aber nicht nur hier haben wir viel, ja sehr viel zu danken.

Es war eine größere Gruppe. Tage waren sie schon beisammen, um über ihr Leben nachzudenken. Sie machten Exerzitien. Bei einer Meßfeier hieß es, wie schon so viele Male vorher: „Lasset uns danken, dem Herrn, unserem Gott". Aber nun war es anders. Die Teilnehmer begannen zuerst zögernd, einer nach dem andern, Dankrufe auszusprechen. „Herr, ich möchte dir danken für meinen Arbeitsplatz". „Danke für meine Familie". „Danke, daß ich den Mut gefunden habe, meine Schuld einzugestehen und mit der Versöhnung anzufangen." „Danke, – danke –, danke..." So ging es noch eine Zeitlang weiter. Es schien ein Tor zum Dank aufgetan zu sein.

Danken gehört zum Leben

Die Teilnehmer dieser eben geschilderten Eucharistiefeier hatten verstanden: Bitten ist die eine Seite im Leben eines Christen; das Danken gehört als Entsprechungsstück dazu! Freilich muß man manchmal erst darauf aufmerksam gemacht werden.

Der Dank hat bei der Meßfeier unter anderem seinen besonderen Platz am Beginn der Präfation. Sie ist ja das große Dank-, Lob- und Tischgebet der Eucharistiefeier. Einen anderen Ort in der Messe haben Klage, Reue oder Zweifel und Schuldbekenntnis. Ausdrücklich fordert das Meßbuch uns zum Dank auf. Auch ganz persönlich dürfen wir unseren Dank sagen. Davon steht natürlich im „Gotteslob" nichts; sonst wäre unser Gebet- und Gesangbuch zu umfangreich geworden! Der kundige Leiter der Eucharistiefeier wird gelegentlich darauf hinweisen und zu persönlichem und konkretem Danken einladen.

Die dreigliedrige Form der Präfation

Das Wort „Präfation" kommt vom lateinischen „fari prae Deo" und heißt zu deutsch „vor Gott sprechen". Gott wird Dank gesagt und er wird gepriesen für alles, was er durch seinen Sohn an uns tut.

Mit einem Dialog zwischen Priester und Volk wird dieses Gebet eröffnet. Der Dialog ist dreigegliedert. Darauf folgt die eigentliche Präfation, die in den Sanktus-Ruf, in das „Dreimal-Heilig" übergeht. Mit der Präfation beginnt das „Eucharistische Hochgebet", dessen Texte bis zum Vaterunser gehen. Die Präfation ist damit kein untergeordneter Teil der Meßfeier, der nur so eine Art vorbereitende Funktion hätte! Sie ist vielmehr ein feierliches, ja geradezu „hochwertiges" Gebet.

Im Dialog zur Eröffnung wird zwischen Priester und Gemeinde der Kontakt hergestellt. Das ist aber kein unverbindliches „Guten Tag" sagen. Vielmehr sollen alle aufmerksam werden und sich auf das Dankgebet einstellen. Das „Erhebet die Herzen" finden wir bereits im Alten Testament: „Erheben wir Herz und Hand zu Gott im Himmel" (Klagelied 3,41). Auch Paulus mahnt: „Strebt nach dem, was droben ist, richtet euren Sinn auf das Himmlische" (Kolosser 3,1 f). An nichts anderes als an den Herrn soll also die Gemeinde denken! Sie bekräftigt dies mit der Antwort: „Wir haben sie beim Herrn." Hier wird zudem die brüderliche Gemeinschaft deutlich, die zwischen dem Leiter der Gemeinde und dem Gottesvolk besteht. Später wird dies die Gemeinde nochmals bestätigen mit einem „Amen" als Abschluß des Hochgebetes vor dem Vaterunser.

Gott danken durch Jesus Christus

Nach diesem Eröffnungs-Dialog beginnt der zweite Teil der Präfation: die Preisung. „Es ist wirklich so, daß Gott allen Preises wert ist. Immer und überall! Denn er ist der Herr, der Vater, der allmächtige ewige Gott." Dieser Beginn, hier frei wiedergegeben, ist stets der gleiche in allen Präfationen.

Nun wird der besondere Grund der Preisung genannt. Die Einführung ins Meßbuch (Nr. 55a) beschreibt dies allgemein so: „Im Namen des ganzen heiligen Volkes Gottes preist der Priester den Vater und dankt ihm für das gesamte Werk der Erlösung oder, entsprechend dem Tag, dem Fest oder der Zeit, für ein bestimmtes Geheimnis des Heilswerkes." In unserem heutigen Meßbuch haben wir dafür die Auswahl unter mehr als 90 Präfationen. Das war übrigens auch im Laufe der Geschichte recht wechselhaft: mal gab es 267, mal nur 11 Präfationen. Erst in unserem Jahrhundert wurde deren Zahl wieder vermehrt. So haben heute jede Zeit des Kirchenjahres, jedes Hochfest, viele Sonntage und einige Heilige ihre eigene Präfation. Ein reiches Angebot! Übrigens die wichtigste theologische Bereicherung des neuen Meßbuches! Wenn man einen „Schott" oder ein anderes deutsches Taschenmeßbuch zur Hand hat, kann man ruhig in diesen wichtigen Gebeten ein wenig blättern. Man wird bald feststellen, daß „die festliche Aussage über das Geheimnis des Tages und Festes in der Präfation geschieht", wie ein Liturgiewissenschaftler es ausdrückte.

Die Präfation möchte uns die Augen öffnen für Gott, den wir nicht sehen, von dem wir aber doch glauben, daß er gegenwärtig ist. Dafür steht der Dank, der alle Präfationen durchzieht. In ihnen haben wir auch eine „Kurzdarstellung unseres Glaubens". Nur ein Beispiel dazu: die „Präfation vom Heiligen Geist". In ihr heißt es: „In Wahrheit ist es würdig und recht, dir, Gott, ... zu danken durch unseren Herrn Jesus Christus. Denn er hat das Werk der Erlösung vollbracht, er ist aufgefahren über alle Himmel und thront zu deiner Rechten. Er hat den Heiligen Geist, wie er den Jüngern versprochen, ausgegossen über alle, die du zu deinen Kindern erwählt hast. Darum preisen wir jetzt und in Ewigkeit dein Erbarmen...".

Ein solches Preis- und Dankgebet gehört gesungen! Vor allem an Festtagen wartet die Liturgie auf den Gesang. Bloßes Sprechen der Worte würde geradezu „kalt" wirken und alle Feierlichkeit töten. Ich kann mir nur eine Ausnahme vom Gesang vorstellen, wenn nämlich der Priester erkältet ist.

Man erzählt vom großen Musiker und Komponisten Joseph Haydn, er habe erklärt, sein ganzes kompositorisches Schaffen gebe er dafür, wenn er Autor einer einzigen Präfation sein könnte. Er dachte dabei an die gregorianische Melodie. Man könnte dies auch von den Texten sagen!

Unser Dank im Alltag

Die Haltung der Dankbarkeit ist eine Grundeinstellung aller, die Eucharistie feiern. Denn das bedeutet ja der Name „Eucharistie": dankbar sein und danksagen.

So vieles verdanken wir unseren Mitmenschen: materielle Gaben, geistige Werte, Gemeinschaft, Angenommensein...

Als gläubige Christen wissen wir uns täglich reich von Gott beschenkt. In der Präfation sagen wir diesen Dank ausdrücklich und schließen uns den Worten des Priesters an.

Das Meßbuch läßt – wie oben dargestellt – auch dafür Raum, daß die Gläubigen ihre persönlichen Dankanliegen einbringen können. Denn wir Menschen haben für viel mehr zu danken als wir je in einer Präfation aussprechen können. Die Kultur des Dankens sollten wir freilich immer neu lernen! Vor allem deswegen, weil uns das Bitten immer leichter von Herz und Mund geht.

Danken wir noch für das tägliche Brot?

Ein Ort des Dankes ist sicher das Gebet bei Tisch innerhalb der Familie. Umfragen zeigen aber, daß wir gerade beim Tischgebet einen großen Einbruch beobachten können. Bereits bei der Synoden-Umfrage im Jahr 1970 erklärten 37 Prozent der Katholiken, sie verrichten bei den gemeinsamen Mahlzeiten der Familie ein Tischgebet. Sieben Jahre später sagten dies nur noch 26 Prozent von sich. Wie soll man diese Zahlen deuten? Trifft man sich in der Familie nicht mehr zum gemeinsamen Essen und damit auch nicht mehr zum gemeinsamen Beten? Ist man gleichgültiger geworden gegenüber dem Tischgebet? Oder meint man: Ich verdiene ja alles selber und brauche Gott dafür nicht mehr zu danken?

Ohne Danke kein Miteinander!

Mit Recht zwingt man Kinder heute nicht mehr dazu, einen „Diener" zu machen und sie mit einem scharfen „Wie sagt man?" zum Danken für ein Bonbon aufzufordern. Trotzdem werden denkende Eltern ihr Kind zum Nachdenken und damit zum Danken führen. Ohne die Tugend der Dankbarkeit und Aufmerksamkeit gelingt menschliches Zusammenleben nur schlecht. Eltern können zum Beispiel schon ein Kleinkind beim Abendgespräch (= Abendgebet) zum rechtverstandenen Danken führen: Was habe ich heute erlebt? Was war schön? Wofür habe ich zu danken? Wo muß ich um Verzeihung bitten? Mit dem Kind können die Eltern auch von sich selbst sprechen und ihren Tageserfahrungen, für die sie zu danken haben. Ein solcher „Tagesrückblick" ist für jeden Erwachsenen eine fruchtbare Übung.

Der Heilige Vinzenz Pallotti hat übrigens seine Bitten an Gott immer in die Form des Dankens gebracht: „Ich danke Gott immer schon im voraus, wenn ich um etwas bitte, als hätte er mein Gebet schon erhört." Wenigstens nachher sollten wir „Christen auf dem Weg" danken. Ob wir das nicht täglich einüben könnten?

ALOIS FRANK

Heilig unser Gott!

Komponisten und Dirigenten haben ihre Phantasie und Kraft in dieses Lied gelegt und es zu einem gewaltig brausenden Lobgesang gestaltet: mit Pauken und Trompeten – Sanctus, Sanctus – Heilig, Heilig, ist der Herr Gott Zebaoth...

Warum singen wir dieses Lied? Und warum gerade in der heiligen Messe? Wo hat es seinen Ursprung? Was sagt es uns heute?

Die Bibel berichtet im Buch Jesaia von der überwältigenden Vision des Propheten. Jesaia schaut den Herrn auf erhabenem Thron, umgeben von einer Schar geflügelter Engel. Diese, er nennt sie Serafim, rufen mit lauter, den Tempelbau erschütternden Stimme einander zu: „Heilig, Heilig, Heilig ist der Herr der Heerscharen. Die ganze Erde ist voll seiner Herrlichkeit." (Jes. 6,1).

In Anlehung an diese Bibelstelle wurde bereits um die erste Jahrhundertwende durch Papst Klemens I. in der Eucharistiefeier das heute noch übliche „Sanctus" der Präfation angefügt. Es sollte von der ganzen Gemeinde gesprochen oder gesungen werden als ein Ruf der Anbetung und der Verherrlichung des kommenden Herrn. Zugleich sollte es die Antwort auf die vom Priester gesprochene Präfation sein.

Mit den Chören der Engel

Die heute zahlreichen Präfationen der Meßfeier enden alle mit der Aufforderung, in Gemeinschaft „mit den Chören der Engel" Gott zu loben und zu preisen. Bisweilen werden in diese Lobpreisungen auch hineingenommen „alle Erlösten", oder es werden die himmlischen Scharen genannt: „Engel und Erzengel, Throne und Mächte, Kerubim und Serafim". Das ganze „himmlische Heer" wird gewissermaßen mobilisiert und aufgerufen, zusammen mit der feiernden Gemeinde im Sanctus-Gebet den ewigen Gott zu verherrlichen.

Damit gewinnt das „Heilig, Heilig" eine neue Dimension. Es wird gemeinsam mit den unsichtbaren Engeln Gottes gesprochen, vielmehr gejubelt. Die anwesende Gemeinde weitet sich aus bis in den Himmel. Ja, ein Stück Himmel kommt auf die Erde und eröffnet sozusagen die „Epiphania Domini", das Erscheinen des Herrn auf dem Altar. Der Lobpreis gewinnt an Inhalt und Kraft, weil er Gott dargebracht wird zusammen mit allen Erlösten, mit den Heiligen und mit den „himmlischen Heerscharen".

In dieses Heilig-Gebet wird die ganze Schöpfung einbezogen: „Erfüllt sind Himmel und Erde von deiner Herrlichkeit". Der Schöpfer wird gepriesen als der Herr des Weltalls. Seine Werke werden gelobt als Geschenke aus seiner Hand. Das Lob Gottes überschreitet alle irdischen Grenzen. Es umfaßt schlechthin alles, was Gott geschaffen hat.

Der da kommt im Namen des Herrn

Das Sanctuslied redet nicht wie bei Jesaia Gott selbst an, sondern wendet sich an den Sohn, den Eingeborenen vom Vater. Damit gewinnt es seinen tiefsten Sinn. Es ist ja ein Gebet des Volkes und als solches, wie auch die anderen Gebete, an Christus gerichtet. Christus, der da kommt im „Namen des Herrn", wird angesprochen. Darum heißt es: „von deiner Herrlichkeit". Das Gottesvolk sieht voraus die Ankunft Jesu in der ihm vom Vater verliehenen Herrlichkeit.

Der Begriff „Hosanna" ist nur schwer ins Deutsche zu übersetzen. Er stammt aus der hebräischen Sprache und bedeutet soviel wie „Hilf doch!" Eigentlich ist er ein liturgischer Freudenruf und könnte heißen: „Der Helfende! Der Höchste!" Also ein Lobpreis, der in Christus Gottes Macht und Liebe vereinigt sieht und verherrlicht.

So gesehen, enthält dieses kleine liturgische Gebet, das oft fast nebensächlich oder als Anhängsel betrachtet wird, in den Augen des aufgeschlossenen, aufmerksamen Teilnehmers der hl. Messe eine ganz neue Bedeutung. Es wird zum Willkommensgruß, zum Begrüßungslied dessen, der in wenigen Augenblicken in den Gestalten von Brot und Wein inmitten seiner Gemeinde weilen wird.

Heilig, Heilig, Heilig

Das Wort „Heilig" bedeutet heil, vollkommen, wahr, unverfälscht, unzerstörbar, unvergänglich. Es heißt aber auch unfaßbar und unerfaßlich, unsäglich, alle Begriffe übersteigend. Heilig in diesem Sinne ist Gott allein. Er ist der einzig Heilige. Ihm allein gebührt Verehrung, Anbetung, Lobpreis über alle Maßen.

Was wir an Menschen heilig nennen, ist nur ein Abglanz von Gott. Selbst die Heiligen, die wir lieben und verehren, sind nicht mit Gott zu vergleichen. Sie sind heilig, weil Gott einen winzigen Schimmer seiner Liebe in ihnen aufleuchten läßt. Und wenn uns etwas „hoch und heilig vorkommt, so wollen wir damit sagen: „Rühr es nicht an! Gott steht dahinter, er hat es mir geschenkt."

Das Lob des Christen auf die Heiligkeit Gottes ist Ausdruck der Sehnsucht des Menschen, ebenso unverletzlich, unantastbar und rein zu sein. Diese Sehnsucht ist angeboren, und sie offenbart sich auf mancherlei Weise. Vor allem dadurch, daß sich der Mensch gegen alles zur Wehr setzt, was ihn schädigen, verletzen, entwürdigen entmenschlichen könnte. Dies ist für jedermann erfahrbar, selbst wenn er nicht an die Existenz Gottes glaubt.

Der Christ jedoch sieht seine besondere Aufgabe darin, so zu leben, daß er Gottes Wohlgefallen findet. Er erbaut sich nicht nur an Gottes Heiligkeit. Es sucht, ein Leben nach Gottes Willen zu führen und in seiner Nähe sich geborgen zu fühlen. Er weiß, daß er nur so seine diesseitige Erfüllung und sein jenseitiges Ziel erreicht.

Gottes Heiligkeit teilt von ihrem Reichtum allen mit, die sich mühen, Gott näher zu kommen, ihm Glauben und Vertrauen, vor allem Liebe zu schenken. „Gott ist die Liebe", schreibt Johannes in seinem ersten Brief (4,16 II), „und wer in der Liebe bleibt, der bleibt in Gott, und Gott bleibt in ihm." So nehmen wir teil an Gottes Heiligkeit, teil am ewig Guten.

Begeisterung für Gott

Begeisterung für Gott? Sind wir in unserer heutigen Welt, die von sich aus fast alle Wünsche erfüllen kann, noch fähig dazu? Können wir ehrlichen Herzens einstimmen in diesen Jubelruf: „Heilig, Heilig, Heilig!"? Und schwingt dabei tatsächlich unser ganzes Leben mit? Der Glaube an Gott? Die Liebe?

Wie nüchtern ist die Welt geworden! Wie wunschlos, wenn ihre Wohlstandssehnsüchte gestillt sind! Und doch wieder ist sie im Grunde arm, weil sie sich an Dinge hängt, die Eintagsfliegen gleichen und sich von heute auf morgen ändern können! Gott aber behauptet seinen Platz in der von ihm geschaffenen Schöpfung. Er ist immer noch der Herr über Leben und Tod, über Krieg und Frieden, Herr auch über den Fortschritt, in dem wir leben.

Unsere Zeit sehnt sich nach Frieden und Freiheit. Beides ist nur gewährleistet in Gott. Freiheit ist dort, wo der Mensch sich von den Gesetzen Gottes leiten läßt.

Frieden? Er kann doch nur wachsen, wo Liebe herrscht. Wer liebt, der stört und vernichtet nicht. Liebe sieht nur das Gute, sucht und bewirkt nur Gutes. Liebe macht anderen das Leben nie schwer, vielmehr erleichtert sie, gibt Trost und Hilfe.

Begeisterung für Gott? Schwingt da nicht auch die Liebe zur Natur mit? Die stille Erhabenheit, das heimliche Wachsen, Blühen und Fruchtansetzen, das Rauschen der Wälder, die Einsamkeit der Bergwelt, das Murmeln der Bäche und die Farbenpracht von Garten, Wiese und Feld. Sind das nicht lebendige Abbilder des „dreimal Heilig" an Gott, den ewigen Schöpfer?

Der Mensch, vor allem der gläubige Christ, darf dieses Staunen und dieses Erschaudern vor Gottes Werken nicht verlernen. Ja, er müßte noch außer sich geraten können – wie Kinder, die von einem unerwarteten Erlebnis überwältigt werden. „Man muß die Musik des Lebens hören, die meisten hören nur die Dissonanzen", schreibt Theodor Fontane. Aber auch die Dissonanzen sind zugelassen und dem zum Nutzen, der in ihnen Gott sieht.

Letzten Endes ist alles, die Natur wie unsere perfektionierte Welt, ein Spiegel der Größe und Erhabenheit Gottes. In allem bricht Gottes Herrlichkeit durch; denn er ist „heilig, heilig, heilig, Herr aller Mächte und Gewalten im Himmel und auf Erden".

Unser Glück mag es sein, wenn wir es fertig bringen, dieses Loblied vom Altar weg hineinzutragen in den Alltag unseres Lebens.

PETER HINSEN

Dies ist mein Leib

Worte und Handlungen reihen sich im Ablauf der heiligen Messe aneinander und steigern sich zum Höhepunkt der heiligen Wandlung.

Doch was geschieht in diesem heiligen Augenblick? In welchen Worten und Handlungen liegt das Geheimnis begründet?

Johannes hat uns eine schöne Katechese über die Eucharistie geschenkt. Wir finden sie im 6. Kapitel seines Evangeliums. Das Thema lautet: „Brot vom Himmel". Ihm gilt seine ganze Aufmerksamkeit. Natürlich weiß er, daß dieses Brot zum Essen gegeben ist, aber davon spricht er erst später. Zunächst ist er fasziniert von dieser Speise, dem „Brot des Lebens". Bei dieser Betrachtung will er etwas verweilen.

So ergeht es auch mir. Ich erinnere mich, wie Johannes an die vielfältigen Beteuerungen Jesu, daß sein Fleisch für uns wahrhaft eine Speise ist und sein Blut ein Trank, damit wir ewiges Leben erhalten (vgl. Joh 6,63 ff).

Eben diese Gaben des Lebens werden uns durch den Geist Gottes in jeder Eucharistiefeier geschenkt. Jenem Teil der heiligen Messe, den wir gewohnt sind, Wandlung zu nennen, sollen die folgenden Überlegungen gelten. Selbstverständlich folgt später noch eine Betrachtung zu der nicht weniger wichtigen Kommunion, denn die Wandlung von Brot und Wein zielt auf die Kommunion.

Heilige diese Gaben

Es erinnert etwas an die übliche Taktik von geschickten Bittstellern, wenn wir nach dem großen Lobpreis des

Gabengebetes, der Präfation und des Sanctus nun mit dem „herausrücken", was eigentlich unser Anliegen ist, wenn wir zur Eucharistiefeier zusammenkommen: „Heilige diese Gaben, damit sie uns werden Leib und Blut deines Sohnes, unseres Herrn Jesus Christus." – Aber solche Raffinesse ist dem eucharistischen Gebet fremd. Diese Bitte im Zentrum des Hochgebetes ist vielmehr die natürliche Spitze der vorausgehenden Erinnerung an die Großtaten Gottes. Durch nichts und niemanden wurde Gottes Heiligkeit und Güte so sehr verherrlicht wie durch Jesus. Wonach könnte es uns mehr verlangen, als daß er mit Leib und Blut in unserer Mitte gegenwärtig ist?

Wohlwissend, daß Gott keiner Erinnerung bedarf, rufen wir ihm dennoch zu, daß wir nicht vergessen haben, was Jesus in jener Stunde getan hat, als er von seinem Vater verherrlicht werden sollte, und was er uns versprochen hat. Das ist nämlich das Fundament unserer Bitte, daß Gottes Geist erneut in gleicher Weise wirken möge. Die Einleitung des Abendmahlsberichtes mit dem Wörtchen „denn" oder „da" oder „weil" macht auf diesen Begründungszusammenhang aufmerksam.

Gebet und Verkündigung

Wenn wir den Einsetzungsbericht im Rahmen des eucharistischen Hochgebetes hören, wird er zum Gebet. Die Erinnerung an das, was damals in der Nacht, da Jesus verraten wurde, im Kreis der Jünger geschah, ist Danksagung an den Vater, der in seinem Sohn seine grenzenlose Liebe offenbarte. Der Vater wird direkt angesprochen: „Wir preisen dich, heiliger Vater" (4. Hochgebet).

Aber dieses Gebet ist zugleich Verkündigung an die Gemeinde, ist Evangelium. Daher ist es auch sinnvoll, daß diese Worte vom Priester nicht mehr – wie früher üblich – geheimnisvoll geflüstert werden, so als dürfe sie niemand hören, sondern laut und vernehmlich, der Gemeinde zugewandt. Das „Geheimnis des Glaubens" soll aller Welt verkündet werden, bis Christus wiederkommt in Herrlichkeit. Aber selbst wenn diese Botschaft täglich millionenfach auf der weiten Welt verkündet wird, bleibt es immer noch Geheimnis. Manche Liturgiewissenschaftler vertreten die Auffassung, daß das ganze Hochgebet ein Lied sei (Th. Schnitzler) und empfehlen daher, daß es vom Priester wenigstens an Feiertagen oder bei Konzelebrationen gesungen werde. Tatsächlich gibt es seit der Einführung des neuen Meßbuches diese Möglichkeit, und sie wird auch da und dort genützt.

Dieses Brot – dieser Wein

Das Zentrum des Abendmahlsberichtes sind die „Deuteworte", durch die Jesus „Brot und Wein zu Zeichen seiner fortdauernden Heilsgegenwart in seiner Jüngergemeinde erklärte" (M. Probst). Dieses Deuten, daß dieses Brot und der Wein in diesem Kelch Leib und Blut Jesu sind, kommt sehr gut zum Ausdruck, wenn bei der Konzelebration die mitbeteiligten Priester auf die eucharistischen Gaben mit der Hand hinweisen. Daher kann ich nicht begreifen, daß es immer noch Liturgiewissenschaftler gibt, die diese Geste als Segenszeichen verstehen. Bei der vorausgehenden Anrufung Gottes um seinen Geist, damit er Brot und Wein heilige, ist dies einsichtig.

Der heilige Augenblick – die Wandlung

Von Kindesbeinen an sind wir es gewohnt, die Mitte des eucharistischen Hochgebetes als Wandlung zu bezeichnen und das zu recht, denn der Geist Gottes läßt Brot und Wein zu Leib und Blut Jesu Christi werden. Aber wie ist diese Wandlung zu verstehen? Ist sie etwa mit Zauberei zu vergleichen? Ein solches Mißverständnis führte dazu, daß die früher nur andeutungsweise vernommenen geflüsterten lateinischen Wandlungsworte „Hoc est corpus" zur Zauberformel „Hocus pocus" verballhornt wurden.

In meiner Kindheit hatte ich als Ministrant das Glück, ganz nah am Altar zu sein. Wenn bei der Wandlung die Hostie emporgehoben wurde, da sah ich deutlich das Bild des Gekreuzigten auf dem schneeweißen Brot schimmern. Das war für mich der Beweis, daß sich Jesus in diesem Brot versteckt hält. Aber schrecklich war dann die Ernüchterung, als ich eines Tages in der Sakristei entdeckte, daß diese Zeichnung schon vorher in der Oblate eingeprägt war. Bis dahin hatte ich immer geglaubt, bei der Wandlung werde Jesus gewissermaßen in dieses Brot hineingezaubert und scheine darum etwas durch. Daß man deswegen die Hostie auch nicht beißen durfte, war mir einleuchtend.

Natürlich eine eigenartige Vorstellung, denn Christus ist nicht im Brot, sondern er ist Brot. Er ist dabei aber nicht einfach da, wie Brot da ist, sondern er ist als Person da. Der Mainzer Theologe Professor Theodor Schneider schreibt dazu treffend: „Er ist gegenwärtig, wie Personen einander nahe sind, wie die Liebe eines geliebten Menschen gegenwärtig ist... Bei seinem geheimnisvollen Kommen geht es also nicht um die Anwesenheit von Fleisch und Blut als ‚Bestandteilen‘ des Gottmenschen, sondern die liebende Einigung mit seiner – in den Gaben leibhaftig gewährten – personalen Gegenwart." Dies vermag aber nur der Glaubende zu erkennen.

Er ist da, aber wie?

Die Theologen haben zu allen Zeiten große Mühe aufgewandt, das Geschehen der Eucharistie mit menschlichen Begriffen und Bildern zu erklären, denn der Wunsch war stets lebendig: „Das Geheimnis laßt uns künden, das uns Gott im Zeichen bot" (Thomas von Aquin). So haben die Theologen des Mittelalters sich des Begriffes der Transsubstantiation (= Wesensverwandlung) bedient und wollten damit ausdrücken, daß nicht die äußere Gestalt verändert ist, was man sehen, anfassen und kauen kann. Das wäre in der Tat Zauberei. Was verändert ist, ist das Wesen. „Die innere Bestimmung und Wirklichkeit ist von Jesus Christus verändert, seine Beziehung zu diesen Gaben" (Th. Schneider).

Das bringen auch neuere Erklärungsversuche zum Ausdruck wie z. B. Transfinalisation (= Änderung der Bestimmung) oder Transsignifikation (= Veränderung des Zeichens, der Bedeutung). Wie Papst Paul VI. in seiner Enzyklika über die Eucharistie betonte, vermögen diese Erklärungsversuche die Gegenwartsweise Jesu nur teilweise zu erklären; die Wirklichkeit ist größer. Aber es wird immer so sein, daß menschliche Gedanken Gottes Wirken nur unvollkommen auszudrücken vermögen.

Für uns alle

Was in der Eucharistie geschieht, die Lebenshingabe Jesu, geschieht für uns. „Jede Eucharistiefeier ist eine Vergegenwärtigung der Erlösung und eine Vorfeier ihrer Vollendung im Reiche Gottes. Durch die Gestalten von Brot und Wein ist Jesus Christus unter uns gegenwärtig, um seinen ein für allemal geschlossenen Bund an uns zur Auswirkung zu bringen, um uns mit Gott und untereinander zu versöhnen" (W. Kasper).

Jesus gibt sich mit Leib und Blut hin „für euch und für alle". Er besiegelt seine Gemeinschaft mit uns Sündern, mit seiner Liebe, mit seinem Todesblut. Was der Inhalt des ganzen Lebens Jesu war, Gabe zu sein, nicht für sich, sondern für die Menschen zu leben, wird hier zum bleibenden Ereignis. Wenn wir dies einmal in Ruhe betrachten, bleibt uns nichts anderes übrig, als Jesus zuzustimmen: „Eine größere Liebe hat niemand als die, daß er sein Leben für seine Freunde hingibt" (Joh 15,13).

Heilige Messe für wen?

Für Lebende und Tote
mit Heiligen und Sündern

Einzelthemen:

Von Abraham bis...
Mit unseren Verstorbenen
Mit Sündern und Heiligen...

ANTON DOSENBERGER

Von Abraham bis...

Nützt die heilige Messe nur einigen Auserwählten? Ist sie die privilegierte Veranstaltung der „frommen oder besseren Gesellschaft"? Vereint sie ausschließlich jene Kirchgänger, die sich gerade zu dieser oder jener heiligen Messe versammeln? Und wirkt ihre Kraft nur innerhalb der Mauern unserer katholischen Kirche? Dient sie dem egoistischen Denken ängstlicher Christen, die sich damit vielleicht schnell in den Himmel „einkaufen" wollen? Und schließlich: Hilft sie nur denen, die eine hl. Messe „anschaffen" und für die sie ausdrücklich gefeiert wird?

Fragen und Zweifel, denen sich die Eucharistiefeier wiederholt ausgesetzt sah und sieht, denen sich Gemeinde und Priester immer wieder stellen müssen.

Dazu gleich vorab: Wer die heilige Messe als engstirnige, egoistische Kultfeier betrachtet und für sich allein ausnützen will, dabei aber alle anderen vergißt, geht an ihrem tiefsten Sinn vorbei.

Denn die Eucharistie ist nicht einem religiösen Kleingeist oder einem ängstlich-egoistischen Denken entsprungen, sondern dem weiten Herzen Gottes, das alles und alle an sich ziehen will. So grenzenlos, wie sich die Liebe Gottes und die Hingabe seines Sohnes Jesus Christus in dessen Opfertod zeigt, so umfassend will auch die Eucharistiefeier sein, die ja nichts anderes darstellt, als eben das immer wieder neu vollzogene Liebesmahl Jesu und seinen Opfertod am Kreuz für alle.

Ohne eine solche Überzeugung vor Augen und im Herzen, kann man Eucharistie gar nicht feiern.

Besonders in den Gebeten unmittelbar nach der heiligen Wandlung werden diese Gedanken vielfältig bestätigt. Aus ihnen hier nur einige wesentliche Gedanken-Züge zum Nachdenken und Vertiefen. Damit man sich daran erinnere, wenn diese Gebete gesprochen werden. Einsichtig wird dann auch, warum diese Gebete nicht immer still, sondern laut gebetet werden.

Vom Aufgang der Sonne...

„Vom Aufgang der Sonne bis zu ihrem Untergang", „...bis ans Ende der Zeiten" lauten die Aussagen in den Gebeten unmittelbar vor der heiligen Wandlung. Und im Verkündigungsruf direkt nach der heiligen Wandlung heißt es: „Deinen Tod, o Herr, verkünden wir, und deine Auferstehung preisen wir, bis du kommst in Herrlichkeit." Also umspannt die heilige Eucharistie alle Zeiten bis zur Vollendung der Welt, bis das Reich Gottes endgültig aufgerichtet wird. Besonders im Ruf nach der Wandlung verkündet die Gemeinde unmißverständlich in feierlichem Ton, was sie tut, in welchem Auftrag sie dies tut und, welches Ausmaß und welche Kraft dieses Tun entfaltet.

Die ganze Menschheitsgeschichte ist davon erfaßt. Kein Mensch, kein Volk, keine geschichtliche Epoche ist ausgeschlossen. Das Heil Gottes und die Erlösung gelten ohne Unterschied allen Menschen.

Freilich will sich die Eucharistie niemandem aufdrängen. Sie will verstanden werden als das große Geschenk Gottes an den Menschen, das von diesem freilich auch abgelehnt werden kann. Die Eucharistie ist zu vergleichen mit einem offenen Haus, zu dem alle Zutritt haben, mit einem Brunnen, aus dem alle schöpfen dürfen, wenn sie nur wollen.

Darum ist die heilige Messe getreues Abbild der Liebe Gottes, die keinen Menschen ausschließt, sondern sich auf alle Menschen ausrichtet. Die Geschichte von Welt und Menschheit wird durch die Eucharistie immer wieder

176

vor das Angebot gestellt, sich aus der Kraft Gottes heilen und helfen zu lassen. Denn nur diese Macht vermag, was Menschen nie vermocht haben und nie vermögen werden.

Eins miteinander im Heiligen Geist

In den Bitten nach der heiligen Wandlung fächert sich die Gebetstheologie der Eucharistie in eine Vielfalt von Gedanken, Sorgen und Anliegen auf. Man könnte sagen: So vielfältig wie die Kraft der Eucharistie ist, so umfassend ist auch die eucharistische Sorge um den Menschen, sein Leben und die Welt.

Auch wenn die einzelnen Hochgebete unterschiedliche Formulierungen und Reihenfolgen der Gedanken aufweisen, so geben sie alle zusammen genommen doch das eindrucksvolle Bild: „Die Eucharistie ist das Zeichen der Einheit und das Band der Liebe" wie das Zweite Vatikanische Konzil in Artikel 47 seiner Liturgiekonstitution formuliert.

Diese Einheit und Liebe umfaßt alle Menschen, alle Zeiten, Rassen, alle Generationen. An alle ist gedacht. Alle werden der Güte Gottes empfohlen. Alle werden sozusagen an die große und unausschöpfliche Energiequelle der Eucharistie angeschlossen. So lautet eine Stelle im dritten Hochgebet: „Und erfülle uns mit seinem Heiligen Geist, damit wir ein Leib und ein Geist werden in Christus." Die bewegende Sorge, ja das Kernanliegen Jesu, nämlich die Einheit aller, wird hier besonders angesprochen. Ich muß gestehen, daß mich dieses weite und offene Denken, das aus den Gebeten der Eucharistie hervorsticht, immer wieder beeindruckt.

Von Abraham bis...

Beeindruckend finde ich, daß beispielsweise im ersten, oder „römischen Hochgebet" der Bogen sogar weit zurück in die jüdische Frühgeschichte gespannt und die

Verbindung der Eucharistiefeier zum Opfer unseres Glaubensvaters Abraham und dem des Hohen Priesters Melchisedek hergestellt wird. Das Opfer des Neuen Bundes erkennt also deutlich seine Vorläufer im Alten Bund. Und das Opfer des Alten Bundes findet seine Vollendung im Opfer Jesu Christi.

Gott wirkt also das Heil zu allen Zeiten. So lebt auch das Opfer Abrahams im Vorausblick auf das Opfer Jesu Christi, der als wahrer Sohn Gottes jenes Opfer vollzieht, das die Erlösung der ganzen Welt zur Folge hat. Alles hat also im Heilsplan Gottes seinen Ort und seine sinnvolle Beziehung. Die durch sämtliche geschichtlichen Abschnitte sich hindurchziehende Linie der Erlösung wird in dieser Formulierung besonders sichtbar. Jesus Christus ist der Höhepunkt der menschlichen Geschichte, auf den alle Generationen blicken. Dabei wird auch deutlich, daß die bei einer Meßfeier gegenwärtige Gemeinschaft der Gläubigen und Betenden sich nicht aus sich allein versteht, aus dem Augenblick, sondern in Verbindung mit der langen Tradition, in der Gott immer schon anwesend war und geführt hat, in den Propheten und Königen, in den Heiligen und Gerechten der Vorzeit ebenso wie in den Gottsuchern von heute.

Gedenke deiner Kirche...

Ein weiteres Kernanliegen der hl. Messe ist die Kirche selbst, eben die Gemeinschaft der Glaubenden. Dabei richten sich die Gedanken nicht nur und zuerst auf die kleine Gemeinde etwa in Friedberg, Hamburg oder München, sondern auf die Kirche der „ganzen Erde". Dieser Text müßte uns Augen und Ohren, ja unseren ganzen geistigen Horizont öffnen: Eucharistie ist in ihrer Sorge und Hingabe niemals egoistisch. Sie ist von innen her weltoffen, aufgeschlossen für alle Anliegen der Welt, für sämtliche Nöte und Freuden. Gemeint ist die Kirche der Armen und Reichen, der Schwarzen, der Weißen und Gelben, der Randsiedler ebenso wie die der sogenannten Etablierten. Eingeschlossen sind auch Bundeslade und Synagoge, die eingehen in das Opfer des Neuen Bundes, das sich in der Fülle der Zeit ereignet. In der Eucharistie finden alle zusammen. Sie erweist sich somit wirklich als katholisch, das heißt allumfassend, bereit und offen für alle und jeden. Es geht also nicht um ein verengtes und kleinkariertes Kirchenbild, sondern um eine weit geöffnete Gemeinde, ausgerichtet auf die Welt, verstehend, mitfühlend und wissend um ihre Probleme. Erinnert werden darf hier auch an die weltweite soziale und karitative Verantwortung der Kirche. Der missionarische Gedanke darf hier ebenso wenig vergessen werden, wie die Mitverantwortung für die Umwelt, für die Sorgen der anderen.

Theodor Schnitzler spricht davon, daß sich in der Eucharistie die himmlische und die irdische Kirche versammeln, die Kirche am jeweiligen Ort und die gesamte Weltkirche, die Kirche des Alten und des Neuen Bundes, die unvollendete und wachsende Kirche ebenso wie Papst, Bischof, Priester, Diakon bis hinab zum unscheinbarsten Bettler. Es treten auf die leidende und opfernde Kirche, wenn von der Not der Welt die Rede ist. Und die „Mutter Kirche" erscheint, die allen Menschen Geborgenheit und Sinn schenken und keinen vergessen will.

Kirche auf der Straße des Lebens

Im zweiten Hochgebet lautet die Bitte: „Vollende dein Volk" und „vollende es in der Liebe!" Unmißverständlich wird in diesen Worten gesagt, daß die Kirche das große Volk ist, die Gemeinschaft aller, die sich auf dem Weg des Lebens befinden. Alle sitzen in demselben Boot und tragen Verantwortung miteinander und füreinander. Hier bedenke man die besonders im Zweiten Vatikanischen Konzil vorherrschende Idee von der Kirche als Volk Gottes.

Ebenso klar wird ausgesprochen, daß das Volk Gottes

auf dem Weg ist, also der Vollendung bedarf. Noch ist diese allerdings nicht erreicht. Erst dann ist sie gegeben, wenn die Liebe den Sieg errungen hat. So wird sie auch zum Kennzeichen der richtigen und vollendeten Gemeinde Gottes. Daraus läßt sich für jeden Gläubigen, für jede Eucharistie-Frömmigkeit unschwer der Auftrag ableiten, diese Liebe mitzugestalten, sie in Wort und Tat zu verwirklichen. Dem Christen wird deutlich gemacht, daß er als Mitglied dieses wandernden Volkes teil hat an den irdischen Nöten, daß er sich keinesfalls drücken darf vor der praktischen und täglichen Verantwortung.

Die Gebete zwischen der heiligen Wandlung und dem Vaterunser nennen die Kirche immer in Verbindung mit dem Papst und den Bischöfen, also auch mit den Verantwortlichen, mit denen also, die eine besondere Aufgabe wahrnehmen. Es geht nicht darum, die Amtskirche gegen die Volkskirche oder Basiskirche auszuspielen. Wer ein Amt in dieser Kirche innehat, muß auch einen entsprechenden, besonderen Dienst leisten. Dies wird herausgestellt, wenn im ersten Kanon für die gebetet wird, „die Sorge tragen für den rechten katholischen und apostolischen Glauben". Ich denke, sie werden deshalb eigens erwähnt, weil sie für diese schwierige Aufgabe auch besondere Kraft brauchen und doch gelegentlich in Gefahr sind, ihr Amt mißzuverstehen.

Die Klammer, die sich um alle diese Gedanken herumlegt, ist die Idee von der Einheit der Kirche, von der großen Gemeinschaft Gottes.

Ganz am Schluß bewegt mich angesichts dieser vielfältigen Sorge für die Welt und die Menschen das Bild von der Mutter. Eucharistie verbindet in sich väterliche und mütterliche Züge zugleich. Sie verwendet sich für die großen und die kleinen, für die unscheinbaren und die wichtigen Leute in dieser Welt.

Deshalb: Wer Eucharistie ernstnimmt, kann nicht anders als frei und offen sein. Er fühlt sich gedrängt, über den eigenen Tellerrand hinaus die Welt in ihrer Vielgestaltigkeit der Freude und der Not zu sehen und in das Gebet mit ihr und für sie einzustimmen.

PETER HINSEN

Mit unseren Verstorbenen

Tot und vergessen? Verstorben und abgeschrieben?
Gilt das, was vielerorts in dieser Welt gang und gäbe ist,
auch für die Gläubigen unserer Kirche? Ganz im Gegenteil. Die Gemeinschaft der Gläubigen endet nicht an den
Grenzen des Todes, an den Mauern dieser Welt. Kirche
heißt Gemeinschaft des Gebetes auch über den Tod hinaus. Deshalb betet die Gemeinde in jeder Eucharistiefeier besonders auch für die Verstorbenen, Bekannte und
Ungenannte...

Jede Gottesdienstordnung, wie sie von den Pfarräm-
tern veröffentlicht wird, informiert darüber, „für wen"
die Eucharistie an welchem Tag gefeiert wird. Dabei
denkt man in erster Linie an Verstorbene. Oft wird ganz
vergessen, daß in jeder Eucharistiefeier nicht nur der na-
mentlich genannten Verstorbenen gedacht wird, sondern
„aller, die in Christus entschlafen sind" und auch der Lebenden. Die Lebenden und die Verstorbenen gehören
zusammen, denn alle sind eingeschlossen in den „neuen
und ewigen Bund".

Wir bitten aber nicht nur **für** die Lebenden und Verstorbenen, sondern auch **mit** ihnen.

In Gemeinschaft mit der ganzen Kirche

Was in der Eucharistiefeier geschieht, ist nur im Glauben zu verstehen. Der Nichteingeweihte kann lediglich
feststellen, daß sich hier eine Gruppe von Menschen zu
einem Mahl trifft. Erst der Glaube schafft einen Zugang
zu dem Raum, in dem sich dieses „Geheimnis des Glaubens" entfalten kann. Darum hat die alte Kirche streng

darauf geachtet, daß keiner an dieser Feier teilnahm, der noch nicht durch die Taufe in die volle Gemeinschaft der Gläubigen aufgenommen war. Der Zutritt zum vorausgehenden Wortgottesdienst hingegen war einem größeren Kreis gestattet. Diese „Arkandisziplin" (Geheimdisziplin) hatte auch ihre Auswirkungen auf die Gebete während der Eucharistiefeier. Da das Hochgebet seinem Wesen nach nur das Gebet von Gläubigen sein kann, ist auch die darin eingefügte Fürbitte auf die Gläubigen beschränkt. Während bei dem „allgemeinen Gebet", den Fürbitten im Rahmen des Wortgottesdienstes auch der Un- und Irrgläubigen gedacht werden kann, sogar der Feinde und Verfolger der Kirche, sind hier im Zentrum der intensivsten Feier unseres Glaubens nur jene zugelassen, die Anteil haben an diesem Bund. Diese Auffassung wurde von der Kirche indirekt bei der Veröffentlichung des heute gültigen Meßbuches (1970) bekräftigt, da es ein zeitweilig übliches Gedenken aller Verstorbenen wieder eingeschränkt hat auf alle in der Gnade Gottes Verstorbenen (2. Hochgebet).

Unsere Brüder und Schwestern

Wenn wir in der Eucharistiefeier vornehmlich Tod und Auferstehung unseres Herrn Jesus Christus feiern, dann ist es selbstverständlich, daß in dieser Feier seit altersher auch das Gedenken an alle Toten einen hervorragenden Platz einnimmt. Die logische Konsequenz der Feier dieses Geheimnisses ist die Zusammengehörigkeit über das Grab hinaus, die Lebende und Verstorbene in Christus verbindende Gemeinschaft, in der einer für den anderen einsteht.

Wenn man in die Geschichte der Kirche blickt, findet man bestätigt, was sich nahelegt: Zuerst wurde jener Verstorbenen gedacht, die als Märtyrer ihren Glauben unzweifelhaft bezeugt haben und schließlich aller, die wegen ihres vorbildlichen Lebens als Heilige verehrt wurden. Sie legen zusammen mit den Lebenden bei Gott Fürsprache für die Kirche ein.

Die aus dieser Welt geschieden sind

Was in der Eucharistiefeier geschieht, ist in besonderer Weise den Sündern zugedacht, denn sie brauchen vor allem das Zeichen und die Erfahrung der Nähe Gottes. Dies gilt für uns, die wir auf Gottes reiche Barmherzigkeit hoffen, aber auch für jene, die bereits „aus dieser Welt geschieden sind" (3. Hochgebet), deren Heil wir jedoch noch nicht gewiß sind.

Es ist bezeichnend, daß in keinem der gebräuchlichen eucharistischen Hochgebete von den Toten gesprochen wird. Wir denken an die, die „von uns gegangen" und „entschlafen", „heimgegangen" sind. Diese Formulierungen bedeuten keineswegs eine Verdrängung der harten Wirklichkeit des Todes, sondern sind Kennzeichen der noch stärkeren Kraft des verbindenden Glaubens.

Bezeichnet mit dem Siegel des Glaubens

Die Fürbitte für gläubige Verstorbene ist kein Flehen aus Verzweiflung, sondern aus Hoffnung. Diese ist begründet in der Zuversicht, daß der Getaufte, der mit dem Siegel des Glaubens Bezeichnete (1. Hochgebet), bereits Christus angehört. Darum darf er – und wir mit ihm – auch auf die Teilnahme an der Auferstehung Christi hoffen (vgl. 2. und 3. Hochgebet). Der Glaube an Christus ermöglicht den Empfang des Geschenkes des ewigen Lebens. Dieses Geschenk ist aber keine Gabe im eigentlichen Sinn, sondern es ist „einfach" die Verbundenheit mit Christus selbst, denn er **gibt** nicht nur, sondern **ist** Auferstehung und ewiges Leben (vgl. Joh. 11,25).

Uns zur Mahnung wird in diesen Bitten daran erinnert, daß es nicht unwichtig ist, ob jemand „in Christus entschlafen ist", „in der Hoffnung, daß er aufersteht", „in der Gnade". Denn unser Heil wurzelt im Glauben.

Allerdings steht es uns nicht zu, über den Glauben anderer zu urteilen. Wir dürfen hoffen, daß Gott auch dort noch Glauben findet, wo für uns nichts erkennbar ist. Im Blick auf Gottes Barmherzigkeit schließt die Kirche darum auch jene in ihr Hochgebet ein, um deren Glauben niemand weiß als Gott (4. Hochgebet). Sie gehören auch zum Volk Gottes. „Mancher, der sich Christ nennt, hat sich aus dem Gedenken ausgeschlossen, weil er wie die Heiden keine Hoffnung hatte. Mancher, der nichts vom Christentum weiß, hat sich in das Gedenken eingeschlossen, weil er als Pilger der Hoffnung auf die jenseitigen Dinge unterwegs ist." (Th. Schnitzler)

Unsere Gaben sind auch ihre Gaben

Daß die Namen bestimmter Verstorbener im Hochgebet genannt werden, hat einen geschichtlichen Grund. Bei der Eucharistiefeier wurde oft in namentlicher Weise jener gedacht, welche Gaben und Spenden für den Gottesdienst oder auch für die vielfältigen Aufgaben der Gemeinde gebracht haben. Ähnliches finden wir heute noch im 4. Hochgebet, wenn dort gebetet wird, „für alle, die ihre Gaben spenden". Diese Gaben stammen oft auch von Verstorbenen, die schon zu ihren Lebzeiten dafür gesorgt haben, oder sie werden von deren Angehörigen in ihrem Namen dargebracht. Zudem: Ist nicht vieles, was wir besitzen, zuvor in anderen Händen gewesen? Erben sind wir in vielfacher Weise. Darum sind die früheren Generationen auch in unser Opfer eingeschlossen. Schon im 4. Jh. schreibt Cyrill von Jerusalem: „Wir glauben, daß das Gebet den Seelen der Verstorbenen, für die es dargebracht wird, am meisten hilft, wenn das heilige und ehrfurchtgebietende Opfer auf dem Altar liegt." Um diese nahe räumliche Verbindung zum Altar zu erhalten, haben sich in alter Zeit viele in Grüften unter oder um die Kirche bestatten lassen. Ein beredtes Zeugnis für die Sehnsucht nach dem Altar und seiner Bedeutung für die Verstorbenen.

Die uns im Glauben vorausgegangen sind

Es ist sehr wohltuend, daß im Kern des eucharistischen Dankgebetes unser Bedürfnis zur Bitte, das allezeit in uns lebendig ist, nicht unterdrückt werden muß. Die Bitte ist zwar bei der Eucharistiefeier gegenüber der Danksagung zweitrangig – das sollte man auch bei den Spenden für heilige Messen nicht vergessen –, aber deswegen nicht unwichtig oder gar überflüssig.

Daß wir in unseren Bitten vor allem auch jener gedenken, von denen wir den Glauben ererbt haben durch ihr Wort und Beispiel, die uns im Glauben vorausgegangen sind, ist eine Folge der natürlichen Verbundenheit.

So wie wir in der Eucharistiefeier zusammen mit jenen, die bereits aus dieser Welt geschieden sind, Gott danken, so dürfen wir auch für sie beten. Das ist Mitmenschlichkeit im Zentr des göttlichen Bereiches.

Es ist gut, für die Entschlafenen zu beten

Schon in einer Schrift des Alten Testamentes, im 2. Buch der Makkabäer, entstanden ca. 142 vor Christus, wird es als ein „heiliger und frommer Gedanke" gepriesen, für die Verstorbenen zu beten und Opfer darzubringen. Wieviel mehr gilt dies nach Christus! In ihm haben wir die Gewißheit erhalten, daß Gott stärker ist als der Tod. Und welches Opfer könnte die Fürbitte Christi beim Vater übertreffen? „Durch ihn und mit ihm und in ihm" verbindet sich die Kirche in der Eucharistiefeier mit dem Opfer Christi und bietet sich selbst Gott als lebendige Opfergabe an. Dieses Beten für die Entschlafenen ist auch gut für uns. Es tröstet uns angesichts des Verlustes lieber Menschen, aber auch im Blick auf den eigenen Tod. Wir dürfen wissen: auch wenn uns einmal alle vergessen haben, die Kirche vergißt uns in ihrer Fürbitte bei der Feier der Eucharistie nicht. Ein beeindruckendes Zeichen der Treue und der Verbundenheit.

ALOIS FRANK

Mit Sündern und Heiligen

Ob wir das Leben meistern, wenn wir allein und ohne die anderen unsere Straße über diese Erde ziehen? Gewiß nicht! Denn kein Mensch lebt für sich und aus sich allein. Wir alle sind aufeinander angewiesen, brauchen einander. Darum beten die Gläubigen in jeder Eucharistie miteinander und füreinander. Mit ihnen vereint sind jene, die bereits ihr Ziel erreicht haben... So versammeln sich um den Altar nicht nur Sünder, sondern auch Heilige zum Lob-, Dank-, Bittgebet. Ein Trost für uns alle: Wir sind nicht allein mit unseren Sorgen, Sünden und Ängsten. Die Eucharistiefeier wird als „Gedächtnis der Erlösungstat Jesu" als „Opfer Jesu" oder als „heiliges Mahl" bezeichnet. Man könnte sie aber auch „das Gebet aller Gebete" nennen. Denn Jesus selbst bringt durch den Priester die Bitten der Gemeinde vor den Vater im Himmel.

In diesem „eucharistischen Beten" ist die Liturgie einmalig. Sie umfaßt die Bitten nicht nur der Anwesenden, sondern aller Christgläubigen. Sie bittet sogar für die Sünder und bezieht zugleich die Heiligen des Himmels mit ein. Dabei geht es ihr immer wieder darum, den Mitfeiernden das diesseitige und vor allem das jenseitige Heil zu vermitteln.

Vater, erbarme dich

Es kommt, so glaube ich, wohl lange nicht allen „Kirchenbesuchern" zum Bewußtsein, daß vor und nach der Wandlung speziell für jeden Einzelnen der versammelten Gemeinde gebetet wird. In allen vier gebräuchlichen

Hochgebeten ist dies der Fall, mit offenen, ehrlichen, bisweilen geradezu rührenden Worten. Mit dem Priester stellen wir uns als Sünder vor den im heiligen Brot gegenwärtigen Herrn und bitten demütig, uns am Ende dieses Lebens das ewige Glück der Heiligen zu schenken.

So heißt es im ersten Hochgebet: „Auch uns, deinen sündigen Dienern, die auf deine reiche Barmherzigkeit hoffen, gib Anteil und Gemeinschaft mit deinen Heiligen... Wäge nicht unser Verdienst, sondern schenke gnädig Verzeihung, und gib uns mit ihnen das Erbe des Himmels."

Im zweiten Hochgebet betet der Priester im Namen aller Anwesenden die wenigen, aber ergreifenden Worte: „Vater, erbarme dich über uns alle, damit wir das ewige Leben erlangen..."

Im dritten Hochgebet: „Er (Jesus) mache uns zu einer Gabe, wie sie dir (dem Vater) wohlgefällt, damit wir das Erbe erlangen mit deinen Auserwählten..."

Im vierten Hochgebet wenden wir uns an den Vater und bitten: „Uns allen, deinen Kindern, gib als Vater das Erbe des Himmels in Gemeinschaft mit der seligen Jungfrau und Gottesmutter Maria, mit deinen Aposteln und allen Heiligen. Und wenn die ganze Schöpfung von der Verderbnis der Sünde und des Todes befreit ist, laß uns zusammen mit ihr dich preisen in deinem Reich."

Jede dieser Bitten zeichnet sich aus durch eine bewundernswerte Schlichtheit, zugleich durch eine Tiefe, die auf das Wesentliche geht, dessenthalben wir von Gott ins Leben gerufen sind: auf die Fülle unseres Lebens und seine Vollendung, die nur in Gott erreichbar ist.

Diese Gebete, vom Priester an den auf dem Altar gegenwärtigen Gott gerichtet, zeichnen klar das Bild der Gemeinde, wie sie sich zur Feier versammelt hat. Realistisch und bescheiden zugleich ist die Rede von Sündern, die wir alle sind, und die wir Gottes Barmherzigkeit immer wieder von neuem dringend bedürfen. Ohne dieses

Erbarmen können wir das Heil nicht erlangen, den Himmel nicht gewinnen. Zu sehr sind wir verstrickt in die Geschäfte und Händel dieser Welt.

Gedanken, die uns aufmuntern, daß wir uns jeweils ganz bewußt in die Gemeinschaft der Eucharistie einfinden. Wie Jesus durch seinen Kreuzestod die Welt mit Gott versöhnt hat, so will uns diese Feier durch Jesus immer wieder mit Gott versöhnen.

Freilich ergeben sich aus diesen Tatsachen auch ernste Folgerungen für alle „Kirchenbesucher". Nämlich die Verpflichtung, keinen anderen unbarmherzig auszuschließen, keinem die Versöhnung zu versagen. Barmherzigkeit, die wir von Gott erhalten, müssen wir weitergeben an unsere Mitmenschen.

Die Gottesdienstgemeinde ist keine „bessere oder höhere Gesellschaft". Sie ist eine Gemeinde, die mehr oder weniger mit Schuld beladen zu Gott kommt. Und jeder, der zu ihr gehört, bedarf der Gnade und immer wieder der Gnade.

Die Heiligen sind da

Unmißverständlich werden hier auch die Heiligen als die Vorbilder und Fürbitter, als Freunde und Helfer auf unserem Lebensweg genannt. Maria und die Apostel stehen an erster Stelle. Ihnen folgen die Märtyrer und Bekenner beiderlei Geschlechtes, verschieden an Alter und Lebensstand.

So werden im ersten Hochgebet nach dem Täufer Johannes sieben heilige Männer und sieben heilige Frauen genannt. Die letzteren stellen alle Lebensalter und Lebensstände der Frauen dar: die Witwe Anastasia, die Mutter von vielen Söhnen, Felizitas, die junge Mutter Perpetua, die Braut Cäcilia, die Jungfrauen Agatha und Luzia, das Mädchen Agnes.

Diese sind es, die das, was wir aus eigener Kraft nicht schaffen, für uns bei Gott erreichen helfen. Auf sie berufen wir uns in den vom Priester in unserem Namen vorgebrachten Bitten.

Auch wird hier deutlich, daß die leidende und triumphierende Kirche, die unvollendete und die vollendete, eine unverbrüchliche Gemeinschaft darstellen. Sie ist geeint im gemeinsamen Mahl, geeint im gemeinsamen Beten, Singen und Feiern.

Damit gewinnt die Eucharistie eine überdimensionale Weite. Die um den Altar versammelte Gemeinde nimmt Kontakt auf mit der Schar der Seligen und Heiligen. Der Kirchenraum öffnet sich in unsichtbarer Weise nach oben bis in die Herrlichkeit des Himmels.

Aber auch auf Erden gewinnt die bis in die himmlischen Bereiche vorstoßende Gemeinde der Gläubigen einen lebendigen Anreiz, zusammenzustehen, wie die Urkirche als „ein Herz und eine Seele". Von hier aus gewinnt der Gedanke der Solidarität einen neuen, göttlichen Akzent. Das Wort des heiligen Paulus wird zur Aufgabe: „Die Starken müssen die Schwächen der Schwachen tragen und nicht sich selbst zu Gefallen sein" (Röm 15,1). Beide müssen sich stützen und fördern. Einer soll im anderen den Bruder, die Schwester sehen, und jeder für den anderen da sein. Wo es um Hilfe und Stütze geht, darf es keinen Unterschied in Alter, Beruf und Lebensstand geben. Das müßte alle Bereiche durchdringen – wie auch die Heiligen Gottes in ihrer Fürbitte und Hilfeleistung keinen Unterschied der Menschen kennen. Bei ihnen gilt nur ein Gebot, das Herzensanliegen Jesu: „Liebet einander, wie ich euch geliebt habe" (Jo 15,12).

Auf den Gräbern der Heiligen

Die Eucharistiefeier ist der Ort, wo Menschen, die sich im Lebenskampf und vor allem im Kampf um den Glauben bewährt haben, eine besondere Verehrung erfahren. Noch nach fast zwei Jahrtausenden geben die Katakomben des alten Rom ein beredtes Zeugnis davon.

Wie man heute den von der Kirche heilig gesprochenen Männern und Frauen Gotteshäuser und Kapellen erbaut und diesen sogar ihre Namen gibt, so pflegt man in den ersten christlichen Gemeinden die ihres Glaubens wegen Getöteten derart zu bestatten, daß über ihrem Grab die heilige Eucharistie gefeiert werden konnte.

Jahrhundertelang war dies üblich. Dann wurde es Brauch, in jeden Altar, auf dem ein Priester das heilige Opfer feierte, einen sogenannten „Altarstein" einzulassen, in dem sich die Reliquie eines Heiligen befand. Der Altar wurde feierlich zubereitet und vom Bischof vor der ganzen Gemeinde geweiht. Nach der Reliquie erhielt meist auch das Gotteshaus den Namen des Heiligen, und dieser wurde, wenn es sich um eine Pfarrkirche handelte, zugleich zum Patron der Gemeinde ernannt.

So entstand die Verehrung der Patronatsheiligen. Deren Fest wurde von der ganzen Pfarrgemeinde feierlich begangen, mit Hochamt, Festpredigt und Prozession. Man trug ihnen die Bitten der Pfarrei vor. Man verehrte sie und hielt „Betstunden" ab, wenn eine Epidemie oder ein Krieg drohte. Man glaubte fest daran, daß gerade dieser Pfarrpatron der ihm anvertrauten Gemeinde in besonderer Weise seine Fürbitte bei Gott schenkt, daß er, von der Kirche dazu bestellt, über Familie, Haus und Hof „seinen Schutzmantel breite".

Ich habe als Jungpriester vor Jahrzehnten noch in zahlreichen Gemeinden solche Patronatsfeste mitgefeiert. Bis heute läßt mich der Glanz jener Feste mit allem Aufwand nicht mehr los. Ich wünschte mir, daß heute und in Zukunft die Heiligen nicht vergessen werden, die wir Sünder doch so dringend brauchen...

Vater unser gib uns Frieden

*Das Gebet des Herrn –
das Geschenk des Friedens*

Einzelthemen:

Vater im Himmel
Brot für jeden Tag
Gottes Friede mit uns

ANTON DOSENBERGER

Vater im Himmel

Viele kennen und können es längst nicht mehr. Nach der Schulzeit verlernt – vergessen – verloren: das christliche Grundgebet, das „Vater unser". – Andere wieder kennen und können es zu gut. Sie denken und fühlen schon gar nichts mehr, wenn sie es hersagen oder herunterbeten. – Leere Formel? Veralteter Brauch? Sinnlose Rede? – So oder so geht die heilende und tröstende Kraft eines der schönsten Gebete der Menschheit verloren.

Sollten wir, wenn wir die heilige Messe betrachten, nicht auch diesem Gebet zu neuem Leben verhelfen? Immerhin nimmt es in der Feier der Eucharistie, vor der heiligen Kommunion, einen bezeichnenden Platz ein.

Das tägliche Gebet

Die Geschichte ist uns allen längst bekannt: Als die Jünger ihren Herrn und Meister fragten, wie sie denn beten sollten, wies er sie an, so zu sprechen: „Vater unser im Himmel..."

Und sie haben seine Belehrung ernstgenommen, selbst in die Tat umgesetzt und ihren Nachfahren weitergegeben.

Das „Vater unser" wurde so zum christlichen Kerngebet, das die ersten Christen täglich beteten. Das berichtet eine der ältesten christlichen Schriften, die Zwölfapostellehre um 100 nach Christus.

Wie dieses Gebet allerdings seinen heutigen Platz in der Eucharistiefeier fand, läßt sich nicht mehr in allen Einzelheiten ausmachen. Papst Gregor der Große wird genannt, weil er im Briefwechsel mit einem sizilianischen

Bischof um 600 nach Christus das „Vater unser" in der heiligen Messe verteidigt. Heute scheint es müßig, die historischen Vorgänge von damals zu rekonstruieren und zu verteidigen. Es spricht nichts gegen dieses wunderschöne Gebet in der heiligen Messe. Finden sich doch zahlreiche Verbindungen zwischen dem täglichen Brot und dem Brot der Eucharistie. Beide nehmen wir aus der Hand des einen Vaters. Beide bewirken Aufbau und Heil des ganzen Menschen.

Viel notwendiger scheint es mir, daß wir die Bedeutung und Kraft dieses Grundgebetes herausarbeiten und jeden Gläubigen dazu ermutigen, dieses Gebet aus der vielleicht verstaubten Ablage und aus seinem Dornröschenschlaf herauszuführen in die tägliche, bewußte und innerlich verankerte Lebenspraxis. Wir müssen dieses Gebet, soll es Einfluß auf unser Leben haben, wieder beten und lieben lernen.

Alles, was wir sind und haben

Einem feierlichen Hymnus gleich steigt im „Vater unser" das Lied der Menschheit zu Gott empor. Kunstvoll im Aufbau gliedert sich das „Vater unser" in zwei große Themenkreise, die in sieben großen Bitten zum Ausdruck kommen: Alles, was wir sind und haben, wird zur Sprache gebracht. Alles, was zu einem sinnvollen und menschenwürdigen Dasein notwendig ist, wird genannt: Der

Vater, das heißt Geborgenheit und Heimat in einem Lebensgrund, der nur Gott sein kann im unzerstörbaren und reinen Glück des Himmels. Weil dieser Vater das Kostbarste unseres Lebens darstellt, gebührt ihm Dank, Anerkennung und Ehre. Sein Name ist geheiligt!

Dem schließt sich der Wunsch an, daß dieser Gott uns allezeit nahe sei, uns beschütze, uns in seine Geborgenheit aufnehme: Dein Reich komme! Dein Wille geschehe!

Nach diesen mehr geistlichen folgen die recht irdischen Bitten und Sorgen: das tägliche Brot mit allem Lebensnotwendigen, materiell, geistig und seelisch verstanden. Die Not der Schuld schließt sich an, die Macht des Bösen, die uns Menschen oft so bedrückt und fesselt, der Sog der Versuchung und der Hang zum Schlechten, zur Untat. Sie machen das Leben in allen Bereichen oft unerträglich und verängstigen die Menschen. Schuld entfernt von Gott und den Mitmenschen, führt in schicksalhafte Verkettung: Not aller Art und furchtbare Tragödien. Schließlich wird in den Vaterunser-Bitten auch die Angst vor der Gewalt des Bösen ausgesprochen, wenn es heißt: Erlöse uns von dem Bösen. Dahinter steckt die schmerzliche Erfahrung, daß wir aus eigener Kraft dem Bösen nicht entrinnen können: Erlöse uns von dem Bösen.

Bereits bei diesem kurzen Überblick über Aufbau und inhaltliche Struktur des „Vater unser" wird deutlich, daß alle diese Worte aus dem Leben, eben aus der Grunderfahrung eines jeden Menschen mit sich selbst und seiner Umwelt und deren Geschichte genommen sind. Hier spricht der Mensch schlechthin in seiner Not und Ausweglosigkeit, in der Situation, die uns täglich zur Bewältigung aufgegeben ist.

Im Schlußwort schließlich schwingt sich der Betende zu einem leidenchaftlichen Bekenntnis für seinen Gott auf, der alles vermag, was der Mensch selbst nicht kann, jedoch zum Leben dringend braucht: Denn Dein ist das Reich und die Kraft und die Herrlichkeit in Ewigkeit, Amen. Dank, Freude und Hoffnung klingen aus diesem Preisgesang. Sie wollen uns herausreißen aus der tiefen Not unseres unerlösten Daseins und zu Gott hinführen. Sie wollen jedem kundtun: Nur da und immer wieder nur da kannst du Mensch Trost und Heilung in Deinen Nöten erfahren.

Wer so beten kann

Ob im festlichen Gottesdienst oder im Angesicht eines schlimmen und tragischen Todes, am Grab, immer wieder bin ich von der Lebenskraft und der ermutigenden Ausstrahlung dieses Gebetes ergriffen. Oft dachte ich schon: Wer so beten kann, ist nicht verloren, selbst wenn ihm die Tränen in den Augen stehen und die Worte nur mühsam über die Lippen kommen. Die ganze Not und Freude, die Last menschlicher Prüfungen und einer heillosen Welt sind in diese Worte gekleidet. Aber auch grenzenloses Vertrauen spricht daraus, wie es nur ein Kind zu seinem Vater haben kann.

Besonders in solchen Erfahrungen und Stimmungen ist mir gelegentlich auch der Gedanke gekommen: Man kann nicht genug dankbar sein dafür, daß solche Worte von dieser Kraft und Dichte jemals über menschliche Lippen gekommen sind. Das „Vater unser" ist ganz einfach eines der schönsten, wenn nicht das schönste Gebet überhaupt. Schade, daß es durch Gedankenlosigkeit oft vernachlässigt und seiner Kraft beraubt wird.

Unser Vater

Nach diesen grundsätzlichen Überlegungen nun zu einigen Einzelgedanken. Und da „beschäftigt" mich besonders der Gedanke an den Vater im Himmel. Mehr als auf den ersten Blick erkennbar, ist in diesen Worten an bedeutsamem Inhalt enthalten. Sie stellen ein Gottesbekenntnis von bewegender Schlichtheit und Tiefe dar. Was hier über Gott gesagt wird, ist einfach unübertrefflich. Gott wird kurzerhand Vater genannt. Ausgehend vom tief im menschlichen Herzen verankerten Vatererlebnis oder der Vatersehnsucht erblickt der gläubige Beter in Gott den ewigen und guten Vater. Warum? Schlicht deshalb, weil sich mit dem Wort Vater die Erfüllung einer der tiefsten menschlichen Erwartungen verbindet: Vom

Vater erhoffen sich die Menschen alles. Der Vater ist nicht nur Schöpfer, der Leben schenkt, er ist auch der Beschützer, der Geborgenheit und Trost gibt. In seinen Armen fühlt das Kind sich wohl, bewahrt vor den drohenden Mächten der Finsternis, eines gefährlichen Lebens und unwägbaren Schicksals. In der Rolle des Vaters kommt Gott dem Menschen am nächsten und wird ihm am begreiflichsten. Nicht der Allmächtige, nicht der Weltenrichter, nicht der Alleskönner-Gott spricht zum Herzen der Menschen, sondern der Vater.

Mit dem Begriff Vater korrespondiert das Wort Kind mit allen Erfahrungen und Vorstellungen, die dazu gehören.

Schließlich hat kein Geringerer als Jesus Christus selbst zu Gott „Vater" gesagt, und uns geheißen, ebenso zu tun. Selbst dann nennt er ihn noch Vater, als er am Ölberg um Verschonung von Leiden und Tod bittet. Sogar in der Stunde des Todes, in der bittersten Verlassenheit, legt Jesus sein Leben in die Hand des Vaters.

Gerade diese erschütternde Stelle der Heiligen Schrift mag hier allen zum Trost genannt sein, die angesichts der unermeßlichen und vielfach unabwendbaren Not dieser Welt an Gott zweifeln und gar verzweifeln. Auch denen sei sie in Erinnerung gebracht, die selbst keinen oder nur einen schlechten irdischen Vater erlebt haben und sich eben deshalb unendlich schwertun, an einen guten Vater im Himmel zu glauben. Gott ist der Vater über allen Vätern, der Trost, der jeden irdischen Wert übertrifft. Darum halten wir seinen Namen in Ehren und bewahren ihn unversehrt.

Gottes Reich und Wille

Wenn Gott der wahre Vater, Lebenserhalter und Beschützer ist, liegt es geradezu auf der Hand, sich nur ihm anzuvertrauen. Darum bittet das „Vater unser" ihn, daß er aus unserer verwaisten Welt eine Welt des Vaters mache, daß sein Wille geschehe, im Himmel und auf Erden.

Aber gerade da melden sich bei uns viele Zweifel, Vorbehalte und Mißverständnisse. Dazu sei klärend gesagt: Das Reich des Vaters ist nicht das Reich dieser Welt, also nicht ein Reich der Waffen, des Geldes, der brutalen Macht, der „guten Beziehungen" und des Egoismus, der Macht des Stärkeren. Es handelt sich, wie die heilige Schrift wiederholt betont, um ein geistiges Reich, das zuerst im Herzen der Menschen Fuß faßt und sich äußert in: Gerechtigkeit, Frieden, Freude. Auch der Schwache darf leben. Jeder ist angenommen.

Der Beginn dieses Reiches ist immer dort zu sehen, wo etwas davon in die Tat umgesetzt wird.

Freilich bleibt der Wille Gottes stets auch eine Herausforderung an den Menschen. Denn es ist beileibe nicht immer leicht, diesen Willen Gottes in der Vieldeutigkeit menschlicher Ereignisse zu erkennen und anzunehmen. Dehalb gehört zur Bitte „Dein Wille geschehe..." ebenso die Bitte um die Kraft, diesen Willen auch anzunehmen.

Noch einmal sei betont: Das „Vater unser" ergreift in seiner Leidenschaft und Tiefe den Menschen wie er ist, mit seinen Sehnsüchten und seiner Unerlöstheit, mit den tausend Nöten des täglichen Lebens. Dieses Gebet hebt ihn und seine Welt vor das Angesicht Gottes und fleht um Erlösung und Frieden. Und gerade weil es so natürlich und ehrlich ist, trägt es für den, der es immer wieder betet, auch in der heiligen Messe, jene unbesiegbare Tröstung und Kraft in sich, ohne die das Leben kaum zu bestehen ist: die Kraft, die aus dem grenzenlosen Vertrauen zum Vater über allen Vätern kommt.

ALOIS FRANK

Brot für jeden Tag

Brot und Schuld – zwei Worte, zwei Welten, die unser Dasein weithin bestimmen. Müssen wir deshalb nicht auch über sie mit unserem Gott sprechen? – Und das gerade in der heiligen Messe?

„Das Vaterunser trägt das Gesicht der Gegenwart und des Augenblicks und der Alltäglichkeit." Mit diesen Worten stellt der Theologe Theodor Schnitzler die Vaterunser-Bitten, vor allem die Bitte um Brot und um Vergebung der Schuld, mitten in unser Leben, ja mitten in unsere Zeit hinein. Brot als Grundbedürfnis unseres Leibes, damit wir leben. Vergebung der Schuld, damit das rechte Verhältnis zu Gott und Umwelt wieder hergestellt werden kann.

Hunger nach Brot

Wer nie in seinem Leben Hunger und Durst gelitten hat, weiß nicht, was ein Stück Brot und ein Schluck Wasser wert sind. Meine Mutter sagte oft: „Kinder, Brot ist Gottesgabe. Brot ist heilig. In jeder Brosame steckt die Sorge Gottes um uns Menschen. Darum werft kein Brot weg, das ist eine Sünde."

In den Kriegs- und Nachkriegsjahren hat die heute ältere Generation zur Genüge erfahren, wie unentbehrlich für Leben und Gesundheit das Brot ist. Brot war ja Mangelware. Und noch heute erleben Millionen Mütter und Kinder auf unserer Erde, wie weh Hunger tut, und wie oft das Leben eines Menschen an einem Bissen Brot und an einem Schluck Wasser hängt.

Darum findet sich im Gebet zum Vater die Bitte: „Unser tägliches Brot gib uns heute!" Damit ist freilich nicht nur das Brot in seinen vielfachen Arten und Formen oder die Nahrung überhaupt gemeint, sondern ebenso alles, was der Mensch für ein menschenwürdiges Dasein braucht: Kleidung, Wohnung, Arbeit, Erholung und vieles andere.

Brot bedeutet in gleicher Weise Nahrung für den Geist: Wissen, richtige Erkenntnisse und Erfahrungen, Schule, Ausbildung, schließlich eine Lehrstelle und um was heute viele beten: Arbeit und Verdienst.

Brot, das meint auch die Nahrung für die Seele: Liebe, Heimat, Geborgensein, Zärtlichkeit, Glück, Freude.

Den Begriff Brot können wir nicht weit genug fassen. Oft ist es eine Kleinigkeit, die uns am Herzen liegt, die Erfüllung eines Wunsches, der uns bedrängt, dann wieder die Hilfe in großer Lebensnot, die Bitte um Gesundung in Krankheit, die Erlösung von Kummer und Sorgen, die das Herz zum Bersten quälen.

Jesus hat für all dies das schlichte, allgemein verständliche Wort „Brot" gebraucht. In dieses Wort hat er alles eingeschlossen, was für den Menschen wünschenswert, notwendig und nützlich sein kann, alles, was uns bewegt und bedrückt, erfreut und fördert. Und er kannte diesen Hunger nach „Brot" selbst, er las ihn von den Augen der Unzähligen ab, die zu ihm kamen, um ihn um „Brot" in irgendeiner Form zu bitten: um das tröstende Wort aus seinem Mund, um eine heilende Geste seiner Hände, um einen verzeihenden Blick seiner Augen. Immer wieder neu wirkte er das Brotwunder für die Fünftausend, jedesmal in einer anderen Form. Und als er am Abend vor seinem Tod das Brot in seinen Händen hielt und es verwandelte in seinen Leib, um ihn den Jüngern als Speise zu geben, war es sein Wunsch, daß er für ewige Zeiten das „Brot des Lebens" für die Menschen bleibe.

Darum steht diese Brotbitte in der Eucharistiefeier unmittelbar vor der hl. Kommunion und wird von der ganzen Gemeinde gleichsam als Tischgebet mit Jesus zum Vater gesprochen.

Gib es uns heute...

Dieses kleine Wort „heute" übersehen wir leicht im Gebet des Herrn. Und doch ist es von größter Wichtigkeit.

„Heute", das bedeutet nicht nur den Augenblick des Betens oder den Tag, an dem das Gebet gesprochen wird. Vielmehr meint es jeden Augenblick, immer, die ganze Zeit unseres Lebens. Heute, das ist jeder Tag und jede Stunde, ist Tag und ist Nacht. Heute, das sind die Stunden der Freude und des Leidens. Das ist die Zeit der Arbeit, wo wir Gottes Auftrag erfüllen, aber „keine Zeit haben", an ihn zu denken.

Mit diesem „heute" stellen wir uns bewußt unter Gottes Vorsehung. Wir machen uns von ihm abhängig, begeben uns in seinen Schutz. Wir machen ihn zum „Brotvater" unseres Lebens. Und wenn wir zu Gott keine andere Bitte sprechen würden, als immer nur die eine: Gib uns heute unser tägliches Brot, so legten wir alle unsere Bedürfnisse, gleich welcher Art, in seine Hände.

Darum halte ich es für so wichtig, daß wir gerade diese Vaterunser-Bitte unmittelbar vor Empfang des „göttlichen Brotes" in der hl. Kommunion mit ganzem Herzen aussprechen und alle unsere Anliegen damit verbinden. Dann wird dieses kurze Gebet zu einer Art „guter Meinung", die über den Tag hin andauert, ja sogar aus der sonntäglichen Feier in die ganze kommende Woche hineinwirkt. Will sie doch sagen: „Vater, alles was mich bedrängt und erfreut, und alles, was ich wie das tägliche Brot brauche, das vertraue ich dir an und bitte dich, du mögest für mich und die Meinen ein treu sorgender Vater sein."

Das ist ein Grundelement unseres Lebens, ohne das es nicht bestehen und sich nicht entfalten kann: die Nähe

Gottes und seine Fürsorge bei Tag und Nacht, solange wir leben.

Lösch aus die Schuld

„Manchmal denk ich mir", so las ich in einem Brief, „es wäre doch etwas Wunderbares, wenn es jemanden gäbe, der mit einem einzigen Federstrich alles auslöschen könnte, was ich in meinem langen Leben gefehlt habe." Ich konnte die Schreiberin auf die Worte des Vaterunsers verweisen, in dem uns Jesus zu beten lehrt: „Vergib uns unsere Schuld!"

Wenn Jesus uns anleitet, so zum Vater zu sprechen, dann verbürgt er sich auch dafür, daß tatsächlich alle Schuld unseres Lebens getilgt werden kann, freilich nicht ohne unser Zutun, das heißt: wir müssen die Voraussetzung dafür schaffen, indem auch wir anderen vergeben.

Als Menschen sind wir stets in Schuld verstrickt. Schuld zählt zu den großen Grunderfahrungen des Menschen im Verhalten zu seinem Gott, zum Mitmenschen, zur Umwelt, zu sich selber. Eine Erkenntnis, die nicht ausschließlich aus dem christlichen Bereich stammt. Sie ist allen Menschen gemeinsam.

Sünde und Schuld sind eine schwere Not, weil sie den Menschen aus der Gnade Gottes fallen lassen, aus seiner Nähe und Freundschaft. Sünde und Schuld zerstören überall, rauben dem Herzen Ruhe und Frieden und bringen immer wieder neues Unheil in die Welt.

Wie tröstlich ist daher die Aufforderung Jesu: „Vater, vergib uns unsere Schuld!" Diese Bitte darf jeder wagen, auch der Verbrecher, der größte Sünder. Und wer sie ausspricht im Bewußtsein, daß er wirklich vor Gott gesündigt hat, daß ihm dies leidtut und er Gottes Freundschaft wieder herbeisehnt, dem wird – vergeben. Der Vater wird verzeihen, wie Jesus immer wieder sagt und in Gleichnissen darlegt. Am schönsten hat Jesus dies dargestellt im Gleichnis vom verlorenen Sohn und vom barmherzigen Vater. Die Bitte des Sohnes klingt an die des Vaterunsers an: „Vater, ich habe gesündigt gegen den Himmel und vor dir. Vater, verzeih mir!"

Auch diese Bitte ist wiederum auf den Empfang der heiligen Kommunion ausgerichtet. Ehe wir den Leib Jesu zu uns nehmen, sollen wir Frieden schließen mit dem Vater und seine Vergebung erlangen.

Wie auch wir vergeben

Eine Bedingung knüpft Jesus an die Sündenvergebung durch den Vater, nämlich daß auch wir „vergeben unseren Schuldigern". Wir sollen bereit sein, die von Gott erlangte Barmherzigkeit großzügig weiterzuschenken an jeden Menschen.

Das mag mitunter schwer sein, doch bleibt diese Forderung bestehen. Wir verpflichten uns selbst dazu, indem wir Gottes Vergebung abhängig machen von unserer Verzeihung anderen gegenüber. Freilich gibt es Situationen, in denen Vergebung unter Menschen sehr schwer oder gar nicht zu vollziehen ist. Zum Beispiel, wenn ein Teil nicht willens ist, wenn die zur Versöhnung ausgestreckte Hand nicht ergriffen, sondern sogar zurückgestoßen wird. Hier gilt für den, der bereit ist zu verzeihen, der gute Wille für das Werk.

Nur wenn die Menschheit diesen zweiten Teil der Bitte beachtet und sich bemüht, sie zu erfüllen, wird die Welt befriedet werden. Der Frieden geht ja vom einzelnen aus.

Darum sollte jede eucharistische Feier uns den Anstoß geben, für die Praxis im christlichen Alltag einige Grundsätze mitzunehmen:

– Denk' daran, daß du immer wieder verzeihen sollst. Nicht nur siebenmal, wie Petrus meint (Mt 18,21/22), sondern wie Jesus ihn mahnt: „Ich sage dir, nicht siebenmal, sondern siebenmalsiebzigmal." Das heißt: immer und überall.

– Vergib jedem, der es braucht. Wieviele hungern nach

Liebe und Geborgenheit. Entschuldige ungutes Benehmen! Übersehe das Äußere! Gib stets ein gutes Wort!

– Nur Vergebung macht dich und andere frei. Wer verzeiht, wirft eine Last ab, entledigt sich einer Sorge, erlebt Erlösung, Zufriedenheit und Freude.

Und führe uns nicht in Versuchung

Wer weiß nicht um seine inneren Abgründe, um Schwachheit und Gebrechlichkeit? Jeder fühlt, daß er fähig ist zum Bösen wie zum Guten. Er hat es in der Hand, Verbrecher oder Heiliger zu werden. Jeder spürt in sich die Versuchung, dem Bösen nachzugeben.

Darum lautet das Gebet des ehrlichen Christen: „Vater, führe uns nicht in Versuchung!"

Eine Formulierung, die mißverstanden werden kann, wenn man sie wörtlich nimmt. Denn es kann nie Gottes Absicht sein, uns in Versuchung zu führen, sondern vielmehr uns vor oder in der Versuchung zu bewahren und nicht fallen zu lassen.

Das bestätigt auch der Urtext dieser Stelle in der aramäischen Bibelausgabe, in der dieser Vers so lautet: „Laß uns in der Versuchung nicht fallen!"

So wurde diese Vaterunser-Bitte immer schon verstanden: „Laß nicht zu, o Gott, daß ich falle, daß ich in den Abgrund hinabstürze, daß ich der Sünde erliege." Überdies bestätigt dies der zweite Teil dieser Bitte, die lautet: „sondern erlöse uns von dem Bösen."

Seit dem Sündenfall der ersten Menschen muß die Welt mit der Existenz des Bösen rechnen. Bereits im 1. Buch des Alten Testamentes (Gen 8,21) spricht Gott zu dem aus der Sintflut geretteten Noe die Worte: „Das Trachten des Menschen ist böse von Jugend an". Und immer wieder warnt Jesus und warnen die Apostel in ihren Briefen, man solle sich vom Bösen nicht verlocken lassen. Petrus schreibt in seinem 1. Brief, Kapitel 5,8 die ernsten Worte: „Seid nüchtern und wachsam: euer Widersacher, der Teufel, geht umher wie ein brüllender Löwe und sucht, wen er verschlingen kann."

Das Böse übt immer wieder gewaltige Faszination auf den Menschen aus. Es nimmt den Willen gefangen, betäubt den Verstand und verführt die Sinne. Der dem Bösen verfallene Mensch achtet nicht die Folgen, er genießt den Augenblick, blind und taub für das Gute. Ja, das Böse tarnt sich oft als Glück und täuscht uns. In dieser Gefahr stehen wir alle. Darum haben wir allen Grund, zu beten: „Erlöse uns von dem Bösen!"

Das Vaterunser wird in der Eucharistiefeier von der ganzen Gemeinde gesungen oder gesprochen. Es ist das gemeinsame Tischgebet vor dem eucharistischen Mahl. Und um diesem gemeinsamen Gebet besonderen Nachdruck zu verleihen, wiederholt der Priester, ehe er das Friedensgebet spricht, selbst noch die letzten Worte und antwortet laut der Gemeinde: „Ja, Herr, erlöse uns von allem Bösen..." Er bekräftigt damit vor allem die Bitte um die Befreiung vom Bösen mit dem Hinweis auf den inneren und äußeren Frieden.

PETER HINSEN

Gottes Friede mit uns

Kommunion bedeutet Gemeinschaft mit Christus, aber auch mit den Brüdern und Schwestern in Christus. Deshalb bittet die Gemeinde in der hl. Eucharistie um Frieden. War es ihm doch immer ein besonderes Anliegen, daß die Seinen in Einheit und Frieden verbunden sind.

Eine schwierige Angelegenheit

Daß der Friede eine schwierige Angelegenheit ist, braucht man den Christen nicht erst zu erzählen. Schon die Apostelgeschichte, die Chronik der ersten christlichen Jahrzehnte, berichtet von Streitigkeiten. Meist war nicht Bosheit die Ursache, sondern einfach die Unfähigkeit, die Schwächen der anderen nachzusehen oder unterschiedliche Erfahrungen mit dem Glauben zuzulassen. Darum ruft die Kirche zu Gott schon bevor sie zum eigentlichen Friedensgebet anhebt: „Gib du Frieden in unseren Tagen!"

Herr, du hast gesagt...

Oft zitiert und doch wieder schnell verdrängt, ist die Mahnung Jesu, sich erst zu versöhnen, bevor man zum Altar tritt (vgl. Mt 5,23 f). Aber zahlreiche Menschen nehmen sie auch ernst. Sie kann für sehr Gewissenhafte sogar zur großen Belastung werden, wenn sich der Versöhnung unüberwindliche Hindernisse entgegenstellen. Sicherlich ist alles für den Frieden zu tun, was ich tun kann, aber was ist, wenn der andere die Versöhnungshand ausschlägt?

Es zeigt von der großen Seelsorgserfahrung der Kirche, wenn sie vor dem Schritt zum Altar auch noch an ein anderes Wort Jesu erinnert, das er zu seinen Aposteln gesagt hat: „Frieden hinterlasse ich euch; meinen Frieden gebe ich euch" (Joh 14,23). Er sagte dies zu einem Zeitpunkt, wo aller Friede am Zerbrechen war. Der Verräter hatte seinen Plan schon vorbereitet und anlaufen lassen, die Treue der übrigen hielt nur noch wenige Stunden dem Angriff der Gegner stand, und Jesus, das Haupt der Gemeinschaft, sollte bald – von den Menschen und von Gott verlassen – am Kreuz verbluten. Wenn Jesus all dem zum Trotz Frieden versprochen hat, dann wußte er sehr genau, was er damit auch für uns tat. Er spürte, daß wir gerade in Stunden des Versagens, wenn wir Menschen uns diesen Frieden nicht mehr selbst geben können, ihn besonders nötig haben.

Schau nicht auf unsere Sünden...

Niemand sehnt sich mehr nach Frieden als jener, der unter dem Unfrieden leidet. Besonders bedrückend wird dieses Leid, wenn man erkennt, daß es teilweise oder gar ganz selbst verursacht ist. Dieses Selbstversagen liegt eigentlich bei jedem vor, der den Frieden verloren hat, denn selbst jener, der unter allerlei Übeln zu leiden hat, kann ein friedliches Herz haben, solange er dem Groll, Neid und Haß in sich keinen Raum zur Entfaltung gibt. Wer aber kann behaupten, er lebe mit sich, mit den Menschen und mit Gott ganz in Frieden? Darum kann der Priester im Namen der ganzen Gemeinde rufen: „Herr Jesus Christus, schau nicht auf unsere Sünden." Zudem ist das Bekenntnis der Schuld der erste Schritt zur Versöhnung. Wer Schuld immer nur bei anderen sieht, tut sich schwer mit dem Frieden.

...sondern auf den Glauben deiner Kirche

Gott ist getreu. Er hält seinen Bund der Liebe. Das ist die Grundüberzeugung der ganzen Bibel. Umso beschämter ist der Mensch, wo er seine Schuld erkennt. Oft scheint er bei der Bitte um Frieden lediglich auf die Verdienste anderer hinweisen zu können, mit denen er sich verbunden weiß. Der Mensch hofft um der Treue dieser Freunde willen bei Gott Gnade zu finden. So entdecken wir in zahlreichen Friedensgebeten des Alten Testamentes das Flehen, Gott möge sich doch an die Bundestreue der Patriarchen und anderer Frommen erinnern, damit der Beter nicht mit ganz leeren Händen dasteht. So tun auch wir es, wenn wir bitten: „Schau auf den Glauben deiner Kirche." Auch wenn unser persönlicher Glaube oft brüchig ist, so besitzen wir doch das Glück, viele Brüder und Schwestern zu haben, auf deren Glauben wir stolz sein dürfen. Vielleicht sollten wir ihnen auch öfters mit einem Gruß des Gebetes dafür danken, so wie es Paulus getan hat: „Ich danke meinem Gott bei jedem Gedenken an euch" (Pil 1,3). Wie schlecht wäre es doch um unsere und der Kirche Glaubwürdigkeit bestellt, wenn es nicht wenigstens diese einzelnen treuen Zeugen gäbe.

Schenke Einheit...

Was ist denn unser Begehr? Wir orientieren uns am Gebet des Herrn, als er mit seinen Jüngern das Brot brach und den Kelch herumreichte: „Vater, laß sie alle eins sein."

Auch unter Christen ist Einheit leider eher die Ausnahme als die Regel. Wenn man sie fragt, will jeder das Rechte. Aber was ist das Rechte? Darüber entsteht zuweilen ein solcher Streit, werden solche Grenzzäune aufgerichtet, wird dem anderen sogar der Glaube abgesprochen, daß ganz in Vergessenheit gerät, daß doch jeder das Rechte will. Und immer – eigenartigerweise – ist es die

Lehre, welche die Gemüter erhitzt. Wo Christen wirklich christlich handeln, da gibt es kaum Schwierigkeiten, denn die Liebe ist eindeutig. Warum verstoßen dann die Christen so oft gegen die Liebe, wenn sie doch so eindeutig dem Willen Jesu entspricht? Das begreift wohl keiner. Genausowenig wie wir begreifen, warum jeder einzelne von uns immer wieder die Liebe verletzt, obwohl dies letztlich sogar auch zu unserem eigenen Schaden ist.

Wir haben allen Grund zu rufen: „Herr, schenke der Kirche nach deinem Willen Einheit!"

Der Kuß des Friedens

Das priesterliche Gebet um Frieden mündet ein in den Friedenswunsch an die Gemeinde: „Der Friede des Herrn sei allezeit mit euch." Mit ausgebreiteten Armen, die gleichsam alle Teilnehmer der Eucharistiefeier umarmen wollen, soll der Friede Christi vom Altar aus an alle ausgestreut werden. Freilich, auch hier wird es nicht anders sein als im Gleichnis des Evangeliums: Vieles von diesem Samen – Jesus schätzt etwa zwei Drittel – wird auf unfruchtbaren Grund fallen, aber der kleine Rest wird dreißig-, sechzig-, ja hundertfache Frucht bringen.

Die Liturgie möchte die Kettenreaktion, die der wahre Friede auslösen kann, auch leibhaft darstellen. Darum wurde seit altersher bei der Eucharistiefeier der „Kuß des Friedens" ausgetauscht, wie Justin (um 150) ihn nennt.

Zu allen Zeiten war der Kuß ein Zeichen der gegenseitigen Liebe und des engen Vertrauens. Da die Liebe und der Friede zu den Kernanliegen des Christentums gehören, ist es einsichtig, daß der Kuß auch in der Liturgie als Zeichen der Liebe und des Friedens sowohl mit Gott als auch mit den Glaubensgenossen seine Berechtigung hat.

Cyrill von Jerusalem († 387) schreibt: „Du darfst nicht glauben, dieser Kuß sei derart, wie ihn gewöhnliche Freunde auf dem Marktplatz zu geben pflegen. Von solcher Art ist er nicht. Dieser Kuß verbindet die Seelen miteinander und gelobt, alles Unrecht zu vergessen. Der Kuß ist Zeichen der Seelenvereinigung und der Verzeihung jeglichen Unrechts." Und schon früher hat der Apostel Paulus dazu aufgerufen: „Grüßt einander mit dem heiligen Kuß" (1 Kor 16,20).

Nur ein Händedruck

Es ist eigenartig: obwohl heute zwischen Liebenden recht unbefangen der Kuß sogar in der Öffentlichkeit ausgetauscht wird, ist in der Liturgie der Kuß zum bloßen Umarmen oder Händedruck verkümmert. Wenn dieser wenigstens ehrlich ausgetauscht wird, soll es recht sein. Auf jeden Fall ist er besser als der früher vornehmlich unter Klerikern übliche „Pax-Gruß", wenn dieser mehr an eine „Abstoßung" als an eine Umarmung erinnert. Wo herzliche Umarmung aber möglich ist, ist sie immer noch das schönste Zeichen.

In vielen Gemeinden haben die Gläubigen aber selbst mit dem einfachen Händedruck Schwierigkeiten. Dabei ist es doch so wohltuend, wenn man auf diese Weise wenigstens einen oberflächlichen, kurzfristigen Kontakt zu seinem Nachbarn beim Gottesdienst bekommt. Allerdings wäre zu fragen, ob dieser nicht bereits beim Betreten der Kirche hergestellt werden könnte, vor Beginn der Feier, um sich schon von vornherein zu einer Gemeinschaft zu verbinden.

Manche haben auch Probleme damit, was sie sagen sollen. „Der Friede sei mit dir", das kommt ihnen zu geschwollen vor und andererseits das „Du" auch wieder zu kumpelhaft. Und wie soll die Antwort lauten? – Warum muß denn immer dabei gesprochen werden? Ein friedlicher Blick, ein wohlwollendes Lächeln kann oft mehr aussagen. Und wer etwas sagen will, dem fällt sicherlich ein Wort des Friedens, der Einheit und Liebe ein, das vom anderen verstanden wird. Es muß nicht unbedingt auch im Meßbuch stehen. Lieblos aber ist es, den Friedensgruß zu verweigern, ganz gleich in welcher Form er ausgetauscht wird. Welchen Sinn die Christen der ersten Jahrhunderte dieser Geste beimaßen, zeigt die harte Frage Tertullians: „Kann ein Gebet bei Versagung des heiligen Kusses vollständig sein?"

Frieden im Alltag

Dieser Friedensgruß – will er ehrlich sein – sollte natürlich auch im Alltag weiterwirken. Nicht umsonst wird im Entlaßgruß „Gehet hin in Frieden!" nochmals daran erinnert. Alle Welt redet heute vom Frieden, aber ob alle auch jenen Frieden meinen, den Christus uns geben will? An uns liegt es, diesem Frieden zum Durchbruch zu verhelfen. Es sage keiner, das sei zu unwirksam, zu unpolitisch. Der Friede kommt meist nicht auf den Gängen der Ämter und Konferenzen daher, sondern auf den kleinen Gassen, die uns zu Mitmenschen, zu Brüdern und Schwestern machen.

Mit wem ich bei der Eucharistiefeier den Friedensgruß getauscht habe,
– der darf mir nicht mehr gleichgültig sein;
– an dem kann ich nicht länger ohne Gruß vorüber gehen, auch wenn er erst zugezogen ist, wenn er bis jetzt fremd für mich war;
– der ist für mich nicht abgeschrieben, auch wenn er anders lebt und anders denkt, auch wenn er einer anderen Generation angehört;
– gegen den sollte ich weder Groll noch Neid im Herzen hegen;
– mit dem sollte ich mehr reden als über ihn, und wenn schon, dann nur gut.

Im Gottesdienst kann viel für den Frieden geschehen, auch für die eigene Familie. Und manche, die sich fremd und isoliert fühlen, könnten sich finden und miteinander vertraut werden. Das ist dann ein Friede, den die Welt nicht geben kann.

Brot, von dem wir leben

10

Kommunion –
Vereinigung mit Gott

Einzelthemen:

Für uns gebrochen
Lamm Gottes
Eins mit Christus

ANTON DOSENBERGER

Für uns gebrochen

Ziel, dem das Geschehen der heiligen Messe von Anfang an zustrebt, ist das Mahl, die Kommunion. Eins-Werden des Menschen mit Gott im Empfang des heiligen Brotes.

Was geschieht, wenn der Priester in feierlicher, für die gesamte Gemeinde sichtbarer Handlung, die kleine, weiße Brotscheibe, Hostie genannt, in zwei oder mehrere Teile bricht?

Und sie erkannten ihn

Wenn dieses kleine Brot gebrochen wird, öffnet sich dem gläubigen Menschen eine nahezu unendlich weite, geschichtliche, theologische und geistliche Perspektive.

Wir erinnern uns, wenn das Brot gebrochen wird, an Jesus Christus beim Letzten Abendmahl, als er seinen Jüngern das Brot brach und es ihnen mit den Worten gab: „Dies ist mein Leib, der für euch hingegeben wird...".

Wir erinnern uns an die so spannend und lebendig erzählte Emmausgeschichte, als die durch den Tod Jesu noch völlig verwirrten Jünger ihren Meister Jesus Christus nach langer Diskussion am Brotbrechen wieder erkannten: den auferstandenen Herrn. Sie waren von Freude und Begeisterung überwältigt.

Offensichtlich war das Brechen des Brotes für Jesus und seine Jünger eine so bedeutsame Handlung, daß sie geradezu ein Erkennungsmerkmal, ein Zeichen ihrer Freundschaft und gleichen Gesinnung wurde. Wie sonst kann das Evangelium so kurz und knapp sagen: „Und sie erkannten ihn beim Brotbrechen"?

Für die frühchristliche Gemeinde wurde das Brotbrechen, wie schon zu Anfang erwähnt, zum Begriff. Die Apostelgeschichte berichtet mehrfach davon. So, wenn sie von den ersten Christen erzählt: „Sie hielten an der Lehre der Apostel fest und an der Gemeinschaft, am Brechen des Brotes und an den Gebeten" (Apg 2,42). Oder: „Tag für Tag verharrten sie einmütig im Tempel, brachen in ihren Häusern das Brot und hielten miteinander Mahl in Freude und Einfalt des Herzens" (Apg 2,47).

Und als der Apostel Paulus seinen Abschiedsbesuch in Troas abstattete, berichtet die Apostelgeschichte: „Als wir am ersten Wochentag versammelt waren, um das Brot zu brechen, redete Paulus zu ihnen..." (Apg 20,7).

Das Brotbrechen als Ausdruck gläubiger Gemeinschaft, der Vereinigung mit Jesus und als Begriff für die Eucharistiefeier prägte so stark, daß die heilige Messe, bevor sie diesen Namen bekam, in den ersten christlichen Jahrhunderten einfach „Brotbrechen" hieß.

Der Ritus des Brotbrechens hat seine frühen geschichtlichen Wurzeln in der jüdischen Tradition des Pascha- und Sabbatmahles, wo ebenfalls Brot gebrochen und gereicht wurde. Schließlich hat Jesus sein letztes Abendmahl in dieses jüdische Paschamahl eingestiftet. Damit hat er die altbekannte und vertraute Tradition übernommen und mit neuem Inhalt erfüllt.

In der heiligen Messe gehört das Brotbrechen zu den ältesten und wichtigsten Handlungen vor der heiligen Kommunion.

Interessant mag für den Leser ein weiterer Blick auf die geschichtliche Entwicklung gerade dieses Teils der heiligen Messe sein. So schreibt der Liturgiewissenschaftler Theodor Schnitzler, auf den wir uns hier wiederholt berufen, sinngemäß:

In einer Papst- oder Bischofsmesse des frühen Mittelalters kamen zur Brotbrechung alle Priester und Altardiener herbei. Es wurden Leinentücher oder kleine Leinensäcke unter die Brote gehalten, die gebrochen werden sollten. Ungesäuerte, trockene, harte Brote wurden zur Eucharistiefeier verwendet, ähnlich den Mazzen der Juden, flach, handgroß im Durchmesser. Beim Brechen ergaben sich völlig ungleiche Stücke für die Kommunion der Gläubigen. Die Brosamen, die dabei entstanden, wurden sorgfältig aufgefangen.

Im heutigen Frankreich hatten zur selben Zeit die Hostien eine Art Brezelform. Vor der Kommunion wurden kleine Scheiben abgeschnitten, die der heutigen Hostienform sehr ähnlich waren.

Das Brot mußte in der alten römischen Liturgie vom Bischof oder Priester gebrochen werden. Dabei wurde jeweils ein kleines Stückchen für die nächstfolgende Meßfeier aufgehoben. Und ein Stückchen Brot aus der unmittelbar vorausgegangenen Messe wurde vom Aufbewahrungsort in diese Messe gebracht. Es wurde in den Kelch eingetaucht, um so die Verbindung von einer Messe zur anderen zu unterstreichen. Ein weiteres Stück des damals recht harten Brotes wurde ebenfalls in den Kelch eingetaucht, damit der Priester es überhaupt essen konnte.

Bemerkenswert ist auch die Tatsache, daß beim Brechen des Brotes einige Stücke zurückbehalten und für die Kommunion der Kranken aufbewahrt wurden.

In späterer Zeit ging das Verständnis für diese heilige Handlung weitgehend verloren, oder sie wurde durch die kleinen weißen Hostien, wie sie bis heute noch im Gebrauch sind, überflüssig. Diese müssen ja wegen ihrer Form und Größe nicht unbedingt gebrochen werden. Trotzdem hat das Zweite Vatikanische Konzil in seiner Liturgiereform an dem Ritus der Brotbrechung bei den großen Hostien des Priesters festgehalten, wenn es heute auch verhältnismäßig einfach aussieht.

Für uns gebrochen

Viel weitreichender und für das religiöse Leben bedeutender ist der geistliche oder theologische Inhalt dieser schlichten Handlung, eben ihre Deutung.

Hier einiges dazu in kurzen Worten: Das Brot hat als Grundnahrungsmittel seit alter Zeit, bereits im Alten Testament und über alle Jahrtausende hinweg bis heute, zu tiefsinniger Deutung angeregt. Es ist neben dem Wein das biblische Lebensmittel schlechthin. Freilich hat es sich selbst immer wieder verändert, qualitätsmäßig und nach der äußeren Form, angefangen vom Brotfladen über den Laib bis zum kleinen Brötchen, von geschlungenen Brezeln bis zur Stangenform.

So ist das Brot eine Symbolgestalt, ein Zeichen oder Bild für viele wichtige Lebensäußerungen geworden. Brot bedeutet grundsätzlich Leben; Brot heißt Zukunft haben, Hoffnung besitzen. Wer Brot im Hause hat, hat keine Not. Zahllose Sprüche und Weisheiten ranken sich um das Bild vom Brot in allen Literaturen.

Für den biblischen Menschen ist das Brot, angefangen vom Manna in der Wüste, nicht nur Zeichen für das irdische Wohlergehen, sondern auch für das unzerstörbare ewige Leben bei Gott. Brot ist das Zeichen des Himmels. Es bürgt dafür, daß Gott uns gnädig und gütig ist.

Eindrucksvoll schreibt Hans-Bernhard Meyer in „Er brach das Brot". Das macht das Brot heilig, weil Unausdenkbares dahintersteckt, weil es uns leben läßt, weil wir hinter diesem Brot Gott sehen, den letzten Sinn, die letzte Erfüllung unseres Lebens.

Letztlich ist das Brot von oben, das Brot für das Leben der Welt nicht ein Was, sondern ein Wer. Nämlich er selbst, dessen Sendung und Weg verwandt ist mit dem Wesen des Brotes. Das Brot erfüllt ja seine Aufgabe, indem es aufhört, Brot zu sein – Substanz, die daran glauben muß, zerrieben wird, zuerst zwischen den Steinen und dann zwischen den Zähnen. Er ist dieses Brot. Jesus hatte alles und gab alles hin. Er fragte nicht: Was bleibt mir; was habe ich davon? Er tat es umsonst. Er forderte nicht für sich, er gab – sich selbst. Er ließ sich nicht bedienen und wollte erst recht nicht am anderen verdienen, er diente. So erfüllte er, was er am Weizenkorn gesehen hat: „wenn das Weizenkorn nicht in die Erde fällt und stirbt, bleibt es allein; wenn es aber stirbt, bringt es viele Frucht" (Joh 12,24). „Das Brot ist mein Leib – hingegeben für euch."

So kann Jesus mit Fug und Recht sagen: „Ich bin das Brot des Lebens..."

Wir gehören zusammen

In der heiligen Messe ist das Brot und das Brotbrechen Ausdruck der Gemeinschaft mit Christus und der Gemeinschaft der Gläubigen untereinander. So beschreibt es die Allgemeine Einführung in das Meßbuch.

Der erste Korintherbrief eröffnet in seinem zehnten Kapitel, Vers 16 den tieferen Sinn dieser Handlung, wenn er sagt: „Ist das Brot, das wir brechen, nicht Teilhabe am Leib Christi? Ein Brot ist es. Darum sind wir viele ein Leib; denn wir alle haben teil an dem einen Brot." Die praktischen Konsequenzen dieser Deutung des Brotbrechens sind weitreichend. Wer teil hat am Brot und Leib Christi, hat teil an seinem Leben. Wer teil hat am gemeinsamen Tisch, der muß auch teilhaben am übrigen Leben, an den anderen Gaben. Wer teil hat an Christi Tod, hat teil an seinem ewigen Leben.

Eine weitere bewegende Aussage verbindet sich neben anderen mit dem Brotbrechen: Wie das Brot gebrochen und ausgeteilt wird, so ist Jesus im Leiden und Tod gebrochen worden, buchstäblich an allen Gliedern, in seiner ganzen Existenz, in seinem ganzen irdischen Dasein. Und dies für die Erlösung der Menschen. Nochmals sei hier der erste Korintherbrief zitiert: „Ist das Brot, das wir brechen, nicht die Gemeinschaft mit dem Leib Christi…?"

Eng verbunden mit dieser Aussage sind die zahlreichen Textstellen der Bibel über das „Lamm Gottes", das geschlachtet wurde. Jesus im Bild des gebrochenen Brotes und des geschlachteten Lammes ist es, der durch sein Lebensopfer, durch seine Hingabe des Lebens für uns alle erst Leben möglich gemacht hat.

Erinnert sei an das wunderschöne Lied im Gotteslob Nr. 620, im dem Lothar Zenetti diese Gedanken in Worte faßt:

Das Weizenkorn muß sterben, sonst bleibt es ja allein; der eine lebt vom andern, für sich kann keiner sein. Geheimnis des Glaubens: im Tod ist das Leben.

So gab der Herr sein Leben, verschenkte sich wie Brot. Wer dieses Brot genommen, verkündet seinen Tod.

Wer dies Geheimnis feiert, soll selber sein wie Brot; so läßt er sich verzehren von aller Menschen Not.

Als Brot für viele Menschen hat uns der Herr erwählt; wir leben füreinander, und nur die Liebe zählt.

Teilen heißt leben

Die Theologie der heiligen Messe muß eingehen in das praktische Leben des Christen. Dann erst wird sie fruchtbar, dann erst kann sie ausstrahlen und wirken.

So sei der Inhalt des Brotbrechens vor der heiligen Kommunion in einige praktische christliche Lebensgrundsätze formuliert:

– Teilen heißt leben für alle, gleich, ob sie selbst teilen, geteilt werden oder vom Geteilten erhalten.

– Wir alle leben von der Hingabe, denn Hingabe macht frei von sich selbst, frei für andere. Dies dürfen sich besonders jene Menschen ins Stammbuch schreiben, deren Leben durch Beruf oder Schicksal oder durch freie Entscheidung ein Leben der Hingabe, des Opfers, vielleicht auch des Leidens ist.

– Gemeinschaft im Leiden mit Jesus bedeutet auch Gemeinschaft mit ihm im Leben, im ewigen Leben. Wer teilnimmt an der Gemeinschaft des Mahles, des einen Tisches, wird auch dann am Tisch sein, wenn die Einladung ausgerufen wird zum ewigen Hochzeitsmahl.

ALOIS FRANK

Lamm Gottes

Wer hat die größte Liebe? Die Heilige Schrift sagt: Wer sein Leben hingibt für seine Freunde. Hingabe für andere ist das große Thema über dem Leben Jesu. Erlösung und Befreiung durch Hingabe ist sein Lebensziel. Wir nennen ihn deshalb das Lamm Gottes, das schweigend, geduldig tragend unsere Sünden hinwegnimmt...

Aus dem Kirchenraum hallt Jesus der Ruf entgegen: „Agnus Dei – Lamm Gottes, du nimmst hinweg die Sünden der Welt!" Als Bitte schließt sich an: „Erbarme dich unser!" Dreimal wird dieser Flehruf wiederholt und endet mit den Worten: „Gib uns den Frieden!"

Gottes Lamm, Erlöser der Welt

Für praktizierende Christen ist die Bezeichnung „Lamm Gottes" geläufig und leicht verstehbar. Wir kennen den Begriff aus der Bibel, sowohl aus dem Alten wie aus dem Neuen Testament. Immer wird er in Bezug gesetzt zur Erlösung, zum Leiden und Tod Jesu.

Erstmals tritt das Wort „Lamm" in Erscheinung vor dem Auszug Israels aus Ägypten. Als der verhärtete Pharao immer noch nicht das auserwählte Volk ziehen lassen will, droht Moses ihm die letzte und schwerste Strafe an: den Tod jeglicher Erstgeburt von Mensch und Tier. Gleichzeitig befiehlt Jahwe, um Israel zu retten, soll jede Familie ein Lamm schlachten und mit dessen Blut Türpfosten und Schwelle bestreichen. In der Nacht tötet der Würgeengel die Erstgeborenen der Ägypter, die Israeliten werden verschont und können das Land verlassen. So wird das geschlachtete Lamm zum Zeichen der Errettung aus der Knechtschaft der Ägypter. Und Gott befiehlt dem Mose, dieser Befreiung fortan zu gedenken und sie alljährlich als Paschafest feierlich zu begehen.

Der Prophet Jesaja deutet dieses Lamm auf den Messias hin, der kommen wird, um die Welt zu erlösen. Er schreibt (Jes 53,7): „Wie ein Lamm wird er (der Messias) zur Schlachtbank geführt und schweigt wie ein Lamm vor dem, der es schert."

Im Neuen Testament stellt als erster Johannes der Täufer die Verbindung her: Jesaja – Lamm – Christus, wenn er seinen Jüngern zuruft, auf Jesus deutend: „Seht, das Lamm Gottes, das hinwegnimmt die Sünde der Welt!" (Joh 1,29). Und Jesus selbst feiert am Abend vor der Gefangennahme den Gedächtnistag der Errettung seines Volkes aus Ägypten, indem er nach altem Brauch das Paschalamm mit seinen Jüngern verzehrt. Dann macht er wahr, was Jesaia verheißen hat, und gibt sein unschuldiges Blut hin „wie ein geduldiges Lamm" für das Leben der Welt. Der Begriff „Lamm Gottes" wird zum Lieblingsgedanken des Apostels Johannes. Dreißigmal spricht er in seiner Apokalypse, in der „Geheimen Offenbarung", vom Lamm. Das Lamm ist geschlachtet und thront in der Herrlichkeit. „Hochzeit des Lammes" nennt er den endlosen Tag der Glorie, dessen Leuchte das Lamm ist (Offb 21,23).

Damit spannt sich der Begriff „Lamm Gottes" wie ein weiter Bogen von der Errettung Israels aus Ägyptens Knechtschaft bis zur Wiederkunft des Herrn zur Rettung aller Menschen.

Das Agnus-Dei-Lied wird zum Begleitgesang für die Brotbrechung. Darin ist ein theologischer und geistiger Zusammenhang zu sehen: Gebrochenes Brot – geschlachtetes Lamm – Leiden und Sterben Jesu – Erlösung – ewiges Leben. Diese Linie zieht sich durch den ganzen Kommunion-Ritus und greift damit noch einmal die Theologie der Erlösung auf.

Der Begriff „Lamm" weckt heute bei vielen Bedenken. Sie fragen: Ist er nicht altmodisch im Zeitalter der Technik? Klingt er nicht verniedlicht oder gar kitschig? Doch immer noch weiden Schafherden auch auf unseren Fluren, in der Heide, auf den Wiesen und nicht nur in südlichen Ländern, wie etwa in Spanien, Italien, im Orient und in Australien. Auch dem Industrie-Menschen kann das Lamm oder Schaf das Sinnbild von Schlichtheit, von Hingabe und Liebe sein.

Herr, ich bin nicht würdig

Nach der Brechung des Brotes und dem Hinweis auf die Erlösung durch den Agnus-Dei-Gesang ergeht das Angebot an die Gemeinde. Der Priester hält die gebrochene Hostie hoch, allen sichtbar, und spricht die Worte: „Sehet das Lamm Gottes, das hinwegnimmt die Sünde der Welt!" Bekenntnis und Anruf zugleich: Dieser in der Gestalt des Brotes verborgene Jesus nimmt hinweg „die Sünde der Welt". „Die Sünde", das heißt hier: allen Sünden überhaupt, auch die Ursünde, nicht zuletzt die furchtbare Macht des Bösen. Er, das Lamm Gottes, ist allein in der Lage, diese drohende böse Macht zu brechen, die nach dem Wort des heiligen Paulus (Röm Kap. 5 u. 6) alles unterjocht und zu vernichten sucht.

Dieser erschütternde Ruf von der Vernichtung der Sünde durch das Lamm Gottes trifft jeden einzelnen in der versammelten Gemeinde. Der gläubige Christ weiß sich als Sünder. Er wird klein und beschämt vor Gott. Was soll er antworten? Reuevoll schlägt er an die Brust, während die Gemeinde wie mit einer Stimme antwortet: „Herr, ich bin nicht würdig, daß du eingehst unter mein Dach, aber sprich nur ein Wort, so wird meine Seele gesund."

Diese wenigen, gemeinsam gesprochenen Worte, mit denen in der Bibel der Hauptmann von Kapharnaum Jesus um Hilfe für seinen Knecht angeht, können als das eigentliche Kommuniongebet bezeichnet werden. Denn sie beinhalten alles, was Jesus von dem erwartet, der ihn empfangen will: demütige Erkenntnis der eigenen Sündhaftigkeit, starken Glauben, Verlangen und Sehnsucht, Vertrauen und Liebe.

Nicht lange Gebete und gemütvolle „Erweckung von Tugendakten" verlangt die Kirche für den würdigen Empfang des eucharistischen Brotes, sondern ernste, entschlossene Haltung, die zur Umkehr bereit ist, die zu Jesus steht und die Verbindung mit ihm sehnlichst wünscht. Jene Haltung also, die der Ruf des Hauptmanns an Jesus durch wenige Worte zeigt. So konnte der bekannte Theologe Rahner sagen, wen innerstes Verlangen nach der heiligen Kommunion bewegt, der möge unseren Herrn empfangen, ganz gleich, in welcher Seelenverfassung er sich befindet.

Eucharistie im Alltag

Worauf es beim Empfang der heiligen Kommunion ankommt? Man sollte nicht zu schnell meinen, daß man nicht würdig sei, den Leib des Herrn zu empfangen. Ganz würdig sind wir nie, geladen werden wir trotzdem. Maßgebend ist immer die innere Einstellung und Haltung. Sie sei in einigen Gedanken weiter umschrieben und vertieft. Was ist zu tun, wie sich zu verhalten?

1. Ganz offen sein für Gott: Gott teilhaben lassen an unserem Leben. Sich von ihm abhängig fühlen. Wissen, daß wir in Gottes Hand leben, von ihm geleitet und beschützt werden, wie der Dichter sagt: „Wir sind von Gott umgeben auch hier in Raum und Zeit und werden sein und leben in Gott in Ewigkeit." Offensein für Gott heißt auch sich im noch so bewegten Alltag für Gott Zeit nehmen, sich in seine Botschaft hineinhören, mit Gott reden und immer wieder in einer freien Minute innerlich bei ihm sein.

2. In Gott den Vater sehen, ihn ehren und achten und

stets das Gute von ihm erwarten. Sich von Gott heilen und beschenken lassen. Vor allem bei der Feier der heiligen Eucharistie. Dieses Vermächtnis Jesu an seine Erlösten ausnützen. Gerade die Eucharistie, das Sakrament der Sakramente, bietet alle Gnadenhilfen, deren wir bedürfen. Sie bietet sogar die Vergebung der Sünden.

3. Sehnsucht nach Beglückung und Vereinigung mit Gott pflegen. Heilige hielten einen Tag, an dem sie nicht die Kommunion empfangen konnten für keinen vollwertigen Tag. Sie ersetzen in solchen Fällen die wirkliche Kommunion durch die „Geistliche Kommunion", indem sie durch Gedanken und Worte ihre Sehnsucht nach Jesus zum Ausdruck brachten. Jede Kommunion vermittelt besondere Gnadenhilfen. Durch die Vereinigung mit Jesus wird das Gute im Herzen angeregt und gestärkt, werden die übernatürlichen Kräfte vermehrt, wird die Neigung zum Bösen verringert. Neue Kräfte werden frei, das Miteinander wird leichter, der Alltag optimistischer. Nicht selten kehrt jene wohltuende Ruhe ein, die sich im frohen Gemüt und in der beglückenden Gelassenheit im Alltag zeigt.

4. Glauben an die Wunderkraft Jesu. Gewiß vermittelt die Eucharistie nicht jene Wunder, wie sie Jesus wirkte. Tatsache ist jedoch, daß die häufige heilige Kommunion einen Menschen verwandeln kann. Ein unsichtbares, kaum merkbares Geschehen, das einem Wunder gleichkommt. Die Erfahrung zeigt ja, daß nicht wenige gläubige Christen gerade auf Grund der täglichen oder fast täglichen Vereinigung mit Jesus nicht nur ein vorbildliches Leben führen können und als charakterlich ausgeglichene Menschen gelten, sondern sogar imstande sind, Kummer, Not, Krankheit und Leid geduldig zu tragen. Während andere wieder die Kraft für ihren aktiven, opfervollen Dienst am Mitmenschen in der Eucharistie holen.

Schließlich denke ich an die vielen, die den letzten

Gang ihres Lebens, den Gang in die Ewigkeit, gestärkt durch die Eucharistie, mit großer Ruhe und Gelassenheit, ja mit einem bewundernswerten inneren Frieden und äußerer Fröhlichkeit antreten. Die Wunderkraft der Eucharistie ist unbegrenzt im Leben derer, die glauben und versuchen, aus dem Glauben zu leben.

Die eucharistische Kommunion schafft dem Gläubigen einen persönlichen Raum der Begegnung mit Gott. Hier ist er allein mit seinem Gott. Hier kann und darf er ihm alles sagen, ihn um alles bitten. Niemand redet hinein. Darum sind diese Augenblicke der Vereinigung und Versenkung die kostbarsten der Eucharistiefeier, ja des ganzen Tages.

Vielleicht wäre manches in unserem Leben anders, besser, glücklicher, würden wir oft und immer öfter dieses Geschenk der Eucharistie in uns aufnehmen.

PETER HINSEN

Eins mit Christus

Was wäre Wandlung ohne Kommunion? Wenn wir kommunizieren, kommen wir mit der Wandlung in Berührung, geraten selbst in den Prozeß der Umwandlung. Die Distanz zu Christus wird zur Nähe, die Fremden werden zu Schwestern und Brüdern, die Sünder zu Versöhnten und Geheiligten. Die Übersetzung des Wortes „Kommunion" bedeutet nicht umsonst „Gemeinschaft" und auch „Teilhabe".

Sehnliches Verlangen

Viele Menschen ziehen sich, wenn es ihnen schlecht geht, wie in ein Schneckenhaus zurück und wundern sich dann, wenn ihre Einsamkeit das Leid noch vergrößert. Ganz anders Jesus. Als es für ihn immer mehr zur Gewißheit wurde, daß das Todesurteil über ihn schon beschlossene Sache war, da ließ er eine Tafel decken. Lammbraten, Brot und Wein auftragen. Er wollte noch einmal mit seinen Freunden essen und trinken. Ganz offen bekennt er es: „Ich habe mich sehr danach gesehnt, vor meinem Leiden dieses Paschamahl mit euch zu essen" (Lk 22,15).

Das Verlangen Jesu ist unvergleichbar. Es kennt nicht die Grenzen dieser Welt. Es hat ewige Dimensionen. Darum kann heute noch das gleiche bei jeder Eucharistiefeier geschehen: Christus umgibt sich mit Leuten, von denen jeder Sünder ist oder zum Sünder werden kann. Obwohl er das weiß, will er mit uns zusammen sein. Doch genau dadurch, daß er uns zu seinem Mahl einlädt, schenkt er uns Verzeihung, nicht mit Worten, sondern durch dieses sichtbare Zeichen. Die Tischgemeinschaft schenkt Vergebung der Sünden.

Gemeinschaft untereinander

Dieses Essen, das uns der Herr schenkt, verbindet mit ihm, aber auch die Empfänger untereinander. Versetzen wir uns nochmals zurück in die Stunde am Abend vor seinem Leiden. Diese Tischrunde war doch keineswegs ein Herz und eine Seele, wie wir sie gerne idealisiert sehen möchten. Da gab es – wie gesagt – Verrat, aber auch Eifersucht, Gerangel um Ämter und Machtpositionen, Duckmäusertum ebenso wie Maulheldentum. Und diese Menschen, so verschieden geartet, will Jesus in diesem Mahl mit sich und untereinander verbinden zu einem „neuen und ewigen Bund".

Jesus war immer ein Meister der Zeichensprache. Er gebrauchte sie auch an diesem Abend, und so ist es geblieben bis zum heutigen Tag: das Brot wird aus einer gemeinsamen Schüssel gereicht, und es wird aus einem gemeinsamen Becher getrunken.

War das nicht eine Zumutung, daß jene, die eben noch um die ersten Plätze miteinander gestritten hatten, nun gewissermaßen Blutsbrüderschaft trinken sollten? Gewiß, aber Jesus hat sich nie gescheut, seinen Jüngern etwas zuzumuten, bis zum heutigen Tag.

Ritualisierte Kommunion

Wie zur Zeit der Apostel Eucharistie gefeiert wurde, eben so wie damals am Abend vor dem Leiden Jesu, das können wir uns heute kaum noch vorstellen. Die „Brotration" beim eucharistischen Mahl wurde im Laufe der Zeit so verkleinert, bis schließlich nur noch ein kleines Stückchen übrigblieb, das wir als Hostie kennen. Und der Wein ist ohnehin zur Seltenheit geworden.

Wieso diese Reduzierung des Essens und Trinkens auf ein kaum zu unterschreitendes Maß? Dies ist nicht zuletzt zu verstehen als eine Reaktion auf Mißstände, die schon in der apostolischen Zeit um sich gegriffen haben. So mußte Paulus die Gemeinde in Korinth hart rügen, weil ihre Eucharistiefeiern zu großen Gelagen ausgeartet waren (vgl. 1 Kor 11,17-22). Die Ehrfurcht vor den eucharistischen Gaben wurde daraufhin zunehmend zum bestimmenden Gestaltungsprinzip.

Am Ende des 4. Jahrhunderts haben wir bereits genaue Anweisungen. So schreibt der hl. Cyrill von Jerusalem: „Der Kommunizierende streckt seine linke Hand aus, legt darauf wie auf einen Thron die rechte Hand. Er nimmt den Leib des Herrn entgegen und sagt ‚Amen' auf das Wort des Spenders ‚der Leib Christi!' – danach geschieht folgendes: Der Empfangende beugt sich über seine Hände und rührt mit Christi Leib an seine Augen. Dann erst nimmt er mit dem Mund aus den Händen das heiligste Sakrament."

Wir erkennen hier unschwer die Ähnlichkeit zu unserer heute wieder üblichen sogenannten „Handkommunion". Auch das Berühren der Augen bzw. der Stirn mit der Hostie scheint in manchen Ländern wieder gebräuchlich zu werden, wie man gelegentlich bei ausländischen Gästen feststellen kann.

Um wieder größere Nähe zum ursprünglichen Essen zu gewinnen, wurde vielerorts die durchsichtige Oblate durch die „Brot"-Hostie ersetzt. Doch sollten die Hostien nicht in einem Kelch auf den Altar gestellt werden, auch wenn dies jahrhundertelang so üblich war. Der Kelch ist ein Trinkgefäß und für den Wein da; das Brot gehört in eine Schale oder auf einen Teller.

Kelchkommunion

In den ersten Jahrhunderten war die Kelchkommunion, die meist vom Diakon an der Seite des Altars gereicht wurde, selbstverständlich. Manchesmal wurde auch nur vom Blut Christi genossen, wenn dies durch gewisse Umstände angezeigt erschien. So wurden den neugetauften Säuglingen mit einem Löffelchen einige Tropfen des heiligen Blutes gegeben oder auch Schwerkranken.

Es war immer Grundüberzeugung der Kirche, daß der Gläubige unter jeder der beiden Gestalten – Brot und Wein – Christus ganz empfängt. Doch schon um die Jahrtausendwende ging der Brauch der Kelchkommunion für die Gemeinde immer mehr zurück, bis er schließlich in Vergessenheit geriet. Zwar haben der tschechische Reformator Jan Hus († 1414) ebenso wie die Reformatoren des 16. Jahrhunderts heftig den „Laienkelch" gefordert, doch die Atmosphäre der freundlichen Konfrontation führte zu einem rigorosen Verbot durch das Trienter Konzil.

Sehr viel entkrampfter war dann die Situation beim letzten Konzil. Allein die Erinnerung an den biblischen Abendmahlsbericht genügte, um ohne lange Diskussion und äußeren Druck die Kelchkommunion wieder zu gestatten. Sie kann durch das Trinken aus dem Kelch erfolgen oder durch das Eintauchen der Hostie in das heilige Blut. Dies sollte aber nicht nur aus Gründen der größeren Feierlichkeit geschehen, auch nicht weil wir dadurch etwa von Christus „mehr" bekämen, sondern weil so das Geschehen des letzten Abendmahles getreuer nachvollzogen wird. Erfreulicherweise suchen viele Gemeinden nach Möglichkeiten, die Kommunion unter beiden Gestalten häufiger anzubieten. Dann kann auch der Priester mit größerer innerer Überzeugung die Aufforderung Jesu nachsprechen: „Trinket *alle* daraus!"

Eins werden mit Christus

„Ist der Kelch des Segens, über den wir den Segen sprechen, nicht Teilhabe am Blut Christi? Ist das Brot, das wir brechen, nicht Teilhabe am Leib Christi?" Diese Fragen des Apostels Paulus sind eindeutig. Es ist ganz klar, was Kommunion bedeutet: Gemeinschaft mit Christus. Aber Paulus fährt noch fort: „Ein Brot ist es. Darum sind wir viele ein Leib, denn wir alle haben teil an dem einen Brot" (1 Kor 10,16). Kommunion bedeutet also auch Gemeinschaft untereinander, die aber erst Christus in dieser tiefen Weise ermöglicht.

Das können wir – wenn wir wollen – in unserem Gemeindegottesdienst überprüfen. Dort sind doch beileibe nicht nur Freunde, schon gar nicht nur Heilige versammelt. Wenn es nur nach uns ginge, würden wir manchen von diesen Zeitgenossen aus dem Weg gehen. Aber Christus führt uns zusammen, ja er läßt uns durch das gemeinsame Mahl sogar zu Schwestern und Brüdern werden. Wir sind also nicht Gemeinschaft auf Grund unseres guten Willens, sondern wegen unserer Verbindung zu Christus. Er nimmt uns in sich auf, erfüllt uns mit seinem Leben.

Kommunion mit Nahen und Fernen

Kommunion bedeutet auch – und das ist manchesmal besonders beschwerlich – Einheit mit meinem Nächsten. Jeder kann sich selbst ausmalen, welche Konsequenzen dies bedeutet für Ehepaare, Eltern und Kinder, für Nachbarn und Arbeitskollegen, aber auch für Inhaber geistlicher Ämter. Paulus ist der Meinung, daß wir unwürdig kommunizieren, wenn wir bei Streitigkeiten nicht zu einem Zeichen oder Wort der Versöhnung bereit sind.

Und Kommunion betrifft auch die Fernen. Jene, die durch die Teilhabe an dem gleichen Leib zu uns gehören. Ihr Wohl kann uns nicht gleichgültig sein, wenn wir nicht die Kommunion zu einem bloßen Ritus degradieren und die eigentliche Sinnhaftigkeit dieses Geschehens leugnen wollen. Sehr deutlich hat darum die Synode der Bistümer der Bundesrepublik Deutschland von der „Tischgemeinschaft mit den armen Kirchen" gesprochen: „Wir schulden der Welt und uns selbst das lebendige Bild des neuen Gottesvolkes, zusammengeführt zu der großen Tischgemeinschaft des Herrn... Wir dürfen im Dienste an der einen Kirche nicht zulassen, daß das kirchliche Leben in der westlichen Welt immer mehr den Anschein einer Religion des Wohlstandes und der Sattheit erweckt und daß es in anderen Teilen der Welt wie eine Volksreligion der Unglücklichen wirkt, deren Brotlosigkeit sie buchstäblich von unserer eucharistischen Tischgemeinschaft ausschließt. Denn sonst entsteht vor den Augen der Welt das Ärgernis einer Kirche, die in sich Unglückliche und Zuschauer des Unglücks... vereint und die dieses Ganze die eine Tischgemeinschaft der Gläubigen, das eine neue Volk Gottes nennt."

Kommunion konkret

Christus will die Gemeinschaft mit dir. Er lädt dich dazu ein. Daran gibt es keinen Zweifel. Aber steht ebenso fest, daß auch du die Gemeinschaft mit ihm willst und mit denen, die zu ihm gehören?

– Selbst der Verräter ist zu Tisch geladen. Diese Großzügigkeit mag für dich ein Trost sein, aber sei genauso nachsichtig mit anderen, die dir als Verräter und Sünder erscheinen, denn sie haben die gleiche Liebe verdient.

– Wenn du kommunizierst, dann soll dies bedeuten: Ich möchte leben wie Jesus. Ich möchte mit ihm ein Herz und eine Seele sein. Ich möchte! Paulus drückt es so aus: „Nicht mehr ich lebe, sondern Christus lebt in mir" (Gal 2,20).

– Kommunion ist ein Geschenk, kann aber auch Zumutung bedeuten. Mit jedem aus derselben Schüssel zu essen und aus demselben Becher zu trinken, ist auch für Christen keine Selbstverständlichkeit, doch Jesus erwartet es von uns.

– Kommunion hat Praxisbezug. Man kann nicht Gemeinschaft feiern und im Streit leben; Eintracht zelebrieren und zugleich sich dem Neid hingeben und Freude an Intrigen haben; das Sakrament der Versöhnung empfangen und selbst Vergebung verweigern.

– Zur eucharistischen Gemeinschaft gehören auch die Christen, die uns unbekannt sind. In Christus sind die Unterschiede von arm und reich, jung und alt aufgehoben. Du sollst davon durch deine Solidarität mit den Notleidenden Zeugnis geben.

– Kommunion hat Zukunftsperspektive. Diese Gemeinschaft übersteigt die Grenzen von Raum und Zeit. Sie ist ein ewiger Bund, Vorwegnahme des himmlischen Mahles.

– Nicht die Form des Kommunionempfanges – ob Mundoder Handkommunion, ob unter einer der beiden Gestalten – ist entscheidend, sondern ob du die Gemeinschaft willst, mit Christus und seiner Kirche.

– Zeichen der Kommunionfrömmigkeit ist nicht unbedingt die Häufigkeit des Empfangs, sondern die Bereitschaft, aus der Gemeinschaft mit Christus zu leben und die täglichen Dinge zu gestalten.

Mit Gottes Segen in den Tag

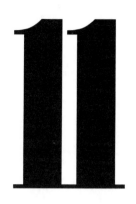

11

Das Gebet zum Schluß – Gottes Segen auf den Weg – Entlassung aus dem heiligen Geschehen

Einzelthemen:

Seid gesegnet!
Geht in Frieden!
Lebt aus der Eucharistie!

ANTON DOSENBERGER

Seid gesegnet!

Segen: Brauchen wir so etwas im Zeitalter der technischen Revolution, in dem beinahe alles machbar erscheint? Der gläubige Mensch sagt: Ja, wir brauchen Segen in vielfacher Form, als Zeichen und Geschenk; den Segen Gottes, den Segen der Menschen. Denn die Liebe lebt vom Zeichen. Ebenso der Glaube. Doch der Segen ist mehr als nur ein Zeichen.

Der christliche Glaube, die Aussage der Bibel, die Geschichte der Liturgie, insbesondere die der heiligen Messe, die gesamte Tradition der Theologie bestätigen, was das alte Volkssprichwort sagt: An Gottes Segen ist alles gelegen. So steht auch am Abschluß der heiligen Messe der Segen des allmächtigen Gottes, des Vaters, des Sohnes und des Heiligen Geistes.

Doch, was bedeutet Segen? Welche Kraft und welcher Einfluß gehen von ihm aus auf das tägliche Leben?

Der Segen gehört zu den „Urgesten" des Menschen. Und er ist untrennbar mit der Geschichte der Menschheit, mit der Religion und der Kultur verbunden. In allen Religionen wird gesegnet, Segen geschenkt und empfangen.

„Gesegnete Weihnachten!" ruft der Papst alljährlich in seinem Weihnachts-Segen „urbi et orbi" (der Stadt und dem Erdkreis) vom Balkon der Peterskirche in Rom in rund 40 Sprachen in die Welt hinaus. Was will er damit anderes sagen, als daß die Menschen sich aufrichten und freuen sollen darüber, daß Christus geboren ist, der Erlöser der Menschheit? Die gute Nachricht „Gott ist mit uns!" ist der Inhalt dieses Segens.

„Viel Glück und viel Segen auf all deinen Wegen!" singt der schon fast abgedroschene Festkanon zu vielen Anlässen. Und es macht immer wieder Freude, ihn zu singen und zu hören. Ich halte ihn jedenfalls für sinnvoller als den Geburtstagsschlager „happy birthday to you".

In der gehobenen Sprache sagte man früher von der schwangeren Frau: „Sie ist gesegneten Leibes". Gerade in dieser Redeweise wird die Bedeutung des Segens noch ersichtlicher. Die Frau, die empfangen hat, hat etwas Großartiges geschenkt bekommen, ist begnadet, ist beglückt. Sie erwartet ein großes Glück, von dem jedermann weiß, in welche Schicksalstiefen des Menschen es eingreift: ein Kind.

Leider ist in der plumpen Techniker-Sprache der Gegenwart und in der allgemeinen Kinderfeindlichkeit diese feine Redensart verlorengegangen. Man sagt einfach: schwanger.

Dennoch: Segen brauchen wir, erwarten, erhoffen, erbitten wir.

Überall dort, wo der Mensch an die Grenzen des Machbaren stößt, wo er fühlt, daß nicht alles in seinen Händen steht, wo er die Macht des Glückes oder Schicksals, eines Höheren eben, Gottes, ahnt, in den beglückenden oder schmerzlichen Stunden und Ereignissen, greift er nach diesen Worten: „Ich wünsche euch viel Segen…!" Wo wir nur noch wünschen und bitten können, nicht mehr „machen", sprechen wir vom Segen: bei Jubiläen, bei Geburtstagen, bei bedeutenden Festen, bei der Geburt, bei Krankheit und Not und Gefahr, vor großen Entscheidungen. Wir ahnen, da kann nur noch ein Höherer, ein gütiges Schicksal helfen. Wir sprechen von Gott.

Schon das Wort Segen bedeutet in sich: Gott mit uns; Heil; Gesundheit, Schutz und Geborgenheit gegenüber den finsteren Mächten, gegenüber dem Schicksal und einer leidvollen Lebensgeschichte.

Das Wort Segen birgt in sich zwei Bewegungen: Wer

gesegnet wird, ist Gottes Schutz empfohlen, empfängt etwas Gutes, ist mit Gott verbunden, kann nicht zu Schaden kommen oder gar untergehen. Und wer andere segnet, schenkt das Gute, das er selbst erhalten hat, weiter, läßt an seinem Glück und an seiner Gottverbundenheit teilhaben.

Ich bin immer wieder überrascht, wenn selbst Menschen, die sich als liberal oder gar ungläubig bezeichnen, mit einer Herzlichkeit und Bewegtheit ohnegleichen anderen Glück und Segen wünschen. Ob das nur gedankenlos geschieht? Ich glaube nicht. Jeder spürt, daß das Gelingen des Lebens als Ganzes wie auch in seinen Einzelheiten nicht allein in menschlicher Macht liegt. –

Das Gegenteil von Segen nennen wir Fluch. Und er wird als Unglück betrachtet.

Gott segnet sein Volk

In der Bibel erscheint Segen ebenfalls als Inbegriff des Guten, des Glückes, der Gott-Gefälligkeit. Wer gesegnet ist, steht unter Gottes Schutz.

Die Begegnung mit Gott ist immer ein beglückendes Ereignis, ein Segen. Und der Mensch seinerseits wird gerade in der heiligen Schrift vielfach aufgefordert, diesen Segen seinen Kindern und Kindeskindern weiterzureichen.

Die Geschichte der Menschheit beginnt nach der Bibel mit dem Segen Gottes. Als er den Menschen geschaffen hatte, sprach er zu ihm: „Seid gesegnet..." (Gn 1,28).

Mit einem Segen tritt Gott auch auf den Urvater Abraham zu: „Ich werde dich segnen... Du sollst ein Segen sein" (Gn 12,2).

Erneut segnet Gott sein Volk im heiligen Bund vom Sinai. Jahwe gibt unmißverständlich zu erkennen: Wenn der Mensch zu ihm hält und entsprechend lebt, also dem heiligen Vertrag oder der Abmachung zwischen beiden treu bleibt, wird Gott ihn mit überreichem Segen beschenken. Nur einige Zeilen seien hier zitiert, um deutlich zu machen, wie bewegend der Segen Gottes sein kann: „Alle diese Segnungen werden über dich kommen und dich erreichen, wenn du auf die Stimme des Herrn, deines Gottes hörst: Gesegnet ist die Frucht deines Leibes, die Frucht deines Ackers und die Frucht deines Viehs, die Kälber, Lämmer und Zicklein. Gesegnet ist dein Korb und dein Backtrog. Gesegnet bist du, wenn du heimkehrst, gesegnet bist du, wenn du ausziehst..." (Dt 28,1-6).

Erwähnt sei ferner, daß das Wort Segen in der Bibel immer in mehrfacher Bedeutung gebraucht wird. Einmal als Ausdruck für das großartige Wirken Gottes gegenüber den Menschen, dann wieder, wenn der Mensch auf Gottes Güte mit Dank und Lobpreis antwortet. Deutlich wird hierbei, wie sehr Gottes Handeln und menschliches Tun ineinander verquickt sind. Augustinus drückt dies so aus: „Wir wachsen, wenn uns Gott segnet; und wir wachsen, wenn wir Gott preisen."

Gottes Segen wird vom Volk des Alten Testamentes von Generation zu Generation weitergegeben. So segnet Melchisedek den Abraham (Gn 14,19 ff), Isaak seine Söhne (Gn 27,27-29 und 39 ff), Jakob den Joseph und seine Brüder (Gn 48,15-20; 49,1-28). Weitere Beispiele solchen Segens sind im Alten Testament leicht zu finden.

Jesus Christus, Segen für die ganze Welt

Auch im Leben Jesu spielt der Segen eine bedeutsame Rolle:

Zunächst gilt die Menschwerdung Gottes als der große Segen nach langer Zeit der Erwartung, der Gottferne der Menschen. Denn Erlösung heißt nichts anderes als Einswerden mit Gott. Damit ist Heilung und Glück gemeint.

Ferner zieht Jesus selbst segnend durch die Lande. Die Schrift sagt von ihm, daß er „umherzog, Gutes tat und alle heilte, die in der Gewalt des Teufels waren" (Apg

10,38). Er nahm die Kinder in seine Arme und segnete sie (Mk 10,16). Er legte den Kranken die Hände auf (Lk 4,40). Schließlich segnet Jesus beim Letzten Abendmahl Brot und Wein und reicht sie als Zeichen seiner ständigen Gegenwart und seines bleibenden Segens. Segnend verläßt Jesus in der Himmelfahrt seine Freunde und Apostel. Offensichtlich hat gerade der segnende Christus bereits in der jungen Gemeinde solchen Eindruck hinterlassen, daß die frühen Christusdarstellungen immer den segnenden Christus zeigen.

Tut, was Jesus tat!

Die christliche Gemeinde weiß sich von Anfang an als diejenige, die das Segens-Werk Jesu fortsetzt. Und sie schenkt den Segen „im Namen" oder „unter Anrufung des Namens" Jesu. Die Gläubigen ihrerseits haben auf vielfältige Weise Anteil an diesem Segen und sind dazu berufen, Gott zu preisen und zu segnen (1 Petr 3,9). Damit ist klar ausgewiesen, daß die Kirche nicht aus eigener Vollmacht, sondern im Auftrag und in Fortführung des Werkes Jesu handelt. Dies ist auch als entscheidende Begründung für den Segen am Schluß der heiligen Messe anzusehen.

Man könnte weitere zahlreiche Beispiele für die Bedeutung des Segens im Alten und Neuen Testament und in der kirchlichen Tradition anführen. Dies eine sei noch genannt: Auch die Briefe der Apostel, so besonders der Brief an die Gemeinde von Ephesus, weisen Christus als den aus, durch den Segen über die Menschheit kommt: „Gepriesen sei der Gott und Vater unseres Herrn Jesus Christus; er hat uns mit allem Segen seines Geistes gesegnet, durch unsere Gemeinschaft mit Christus im Himmel" (Eph 1,3).

Schließlich wird die Eucharistie von den Jüngern und der Urgemeinde, sogar von Jesus selbst als die bleibende, ständige Feier der Begegnung mit Gott, ebenfalls als das große Segensgeschenk an die Menschheit erkannt: „Das ist mein Leib, der für euch hingegeben wird!"

Damit ist die Eucharistie auch zur großen Segensfeier, eben zur Begegnung, zur Chance der Einswerdung des Menschen mit seinem Gott geworden. Von daher kann die Eucharistie also nicht hoch genug eingeschätzt werden. Sie ist der uns Tag für Tag geschenkte Segen Gottes.

Es segne euch...

Trotz der großen Bedeutung des Segens in der Bibel und der christlichen Tradition ist der priesterliche Segen in der Messe erst seit dem späten Mittelalter üblich geworden. Der bischöfliche Segen beim Einzug oder Auszug aus dem Gotteshaus erinnert heute noch an den früheren Brauch, daß der Priester auf dem Weg in die Sakristei einzelne Gläubige, besonders Kinder segnete. Aus diesem Grund wurde der Schlußsegen bis zum Zweiten Vatikanischen Konzil erst nach der Entlassung gespendet, während er jetzt vor der Entlassung gegeben wird. Außerdem kann der Segen im Gegensatz zu früher jetzt in drei Formen gespendet werden: In der bisherigen Form „Es segne euch der allmächtige Gott, der Vater, der Sohn und der Heilige Geist!"; er kann auch in feierlicher Form gegeben werden, indem ein dreifacher Segenswunsch gesprochen wird, dessen einzelne Sätze jeweils mit „Amen" beantwortet werden. Und dann gibt es noch das sogenannte Gebet über das Volk, in dem nach Art eines Gebetes Gottes Beistand herabgerufen wird. So versteht sich der Segen als fürbittendes Gebet der Kirche um Gottes Kraft und Hilfe in der Bewältigung des Alltags.

Der Segen am Schluß der Messe bedeutet noch einmal einen Höhepunkt im Ablauf des heiligen Geschehens. Er ist hierbei die auf eine Kurzformel gebrachte Zusammenfassung des großartigen Glückserlebnisses der Gemeinschaft mit Gott und der Gemeinschaft derer, die die heilige Messe mitgefeiert haben.

Es gibt kein größeres Glück, sprich Segen, als mit Gott vereint zu sein. Dieser Gedanke soll im Segensgebet den Gläubigen mit auf den Weg gegeben werden: Das Glück, das wir erfahren haben, soll weitergehen. Es soll das Leben begleiten in jede Sekunde und Stunde hinein. Der Segen soll unser Leben tragen und zugleich in den zahlreichen Gefahren schützen sowie in den Verwundungen des Alltags heilen und trösten.

Wer den Segen der Messe so versteht, kann etwas mit ihm anfangen. Er wird nicht sagen, daß er so etwas nicht brauche.

Im Segen der Messe ist allerdings auch ein Auftrag an die Gemeinde enthalten: Gebt weiter, was ihr empfangen habt. Laßt alle Menschen eure Beglückung sehen und spüren!

Denn wovon das Herz voll ist, können wir in Wort und Tat nicht schweigen. – Wir sollten nicht vergessen, daß jedes Geschenk und jedes gute Wort, jede Versöhnung und Liebe ein solcher Segen Gottes ist.

PETER HINSEN

Geht in Frieden!

Ein guter Schluß ist ebenso wichtig wie der gelungene
Beginn. Das gilt auch für die Eucharistiefeier. Sie endet
für gewöhnlich mit einem kurzen Schlußwort – aber es
soll wirklich kurz sein. Die gehörte biblische Botschaft
kann hier nochmals anklingen. Wichtige Mitteilungen für
die Gemeinde können enthalten sein, ein Wort des Dankes und ein Wunsch, um so die Überleitung vom Gottesdienst zum Alltag zu schaffen. Der Segen fügt sich an. Er
ist der gegenseitige Wunsch der Nähe Gottes. Den wirklichen Schlußpunkt aber setzt der Entlaßgruß: „Gehet hin
in Frieden!"

Wenn sich im antiken Rom die Senatoren zur Beratung
trafen, dann wurde ihre Zusammenkunft vom Leiter jeweils beschlossen mit dem Ruf: „Ite missa est!" Übersetzt
heißt dies: „Geht, ihr seid entlassen!" Ähnliches geschieht bei vielen Versammlungen bis zum heutigen Tag.
In jedem Parlament, in jeder Vereinssitzung heißt es am
Schluß: „Die Sitzung ist geschlossen." Es ist nicht verwunderlich, daß die Eucharistiefeier, die viele Elemente
der antiken Versammlung in sich enthält, auch diesen
Entlaßgruß vorsieht. Der große Meister der Liturgiewis-
senschaft J. A. Jungmann weist darauf hin, daß die Fest-
stellung „Ite missa est", die auch vom Diakon als Assi-
stent des Priesters vorgenommen werden kann, den gleichen Sinn hat wie „das Wort, mit dem der Vorsitzende einer jeder wohlgeordneten Versammlung diese zuletzt für
geschlossen erklärt". Was nach dieser Beendigung des
Gottesdienstes noch geschieht, gehört nicht mehr zur eigentlichen Liturgie, allenfalls zur sogenannten „Volksli-

turgie". So war es bis in die jüngste Gegenwart hinein in manchen Gemeinden üblich, an die Eucharistiefeier noch verschiedene Gebete oder Lieder anzufügen. Über den Sinn solcher Bräuche kann man unterschiedlicher Meinung sein, aber eindeutig ist, daß sie nicht mehr zur Messe gehören, denn diese ist bereits zuvor für beendet erklärt.

Gehet hin in Frieden!

Das deutsche Meßbuch hat für die Entlassung eine andere Formulierung gewählt, die aber auch in nicht römischen Liturgien bekannt ist: „Gehet hin in Frieden!" Die wörtliche Übersetzung des „Ite missa est" klang für deutsche Ohren zu juristisch und zu kalt. Das hängt damit zusammen, daß wir das Wort „missa" nur noch als „Messe" verstehen, tatsächlich und ursprünglich bedeutet es aber Sendung. Auch im weltlichen Bereich gilt ja, daß es nach der Sitzung darauf ankommt, das Beschlossene in die Tat umzusetzen. So ist es auch bei der Eucharistiefeier.

Aber was sollen wir in den Alltag hineintragen? Im deutschen Sprachgebiet und auch in einigen anderen sah man im Wort „Frieden" den geeignetsten Begriff. Dies entspricht auch zutiefst dem biblischen Verständnis von Christusbegegnung. Wer mit Christus zusammentrifft, von ihm angesprochen wird und dadurch neuen Lebensmut erhält, der bekommt von ihm auch den Auftrag: „Gehe hin in Frieden!" (vgl. Mk 5,34/Lk 7,50). Hiermit kommt nicht nur zum Ausdruck, daß es Zeit zum Gehen ist, sondern auch, daß die Gottesdienstteilnehmer den Frieden, den sie erleben durften, mitnehmen sollen für sich und für andere.

Erinnerung, Wunsch, Auftrag

„Denkt daran, was ihr gefeiert habt: Frieden und Versöhnung. Ihr habt euch beim Friedensgruß gegenseitig versichert, daß ihr untereinander brüderlich-schwesterlich verbunden seid. Das soll auch nach dem Gottesdienst so bleiben." So könnte man die Ermahnung ausformulieren, die im Entlaßgruß steckt. Wer im Namen Jesu versammelt war und an seinem Mahl teilgenommen hat, der hat auch den Geist des Friedens empfangen. Jedoch wir müssen diesen Geist auch in uns wirken lassen.

Dies ist – das sagt uns die Erfahrung mit uns selbst und mit anderen – nicht einfach. Zu bekannt sind die Klagen: „Wenn ich heimkomme und den hämischen Blick des Nachbarn oder das mißmutige Gesicht meines Mannes sehe und die Unordnung in der Wohnung oder der Lärm der Kinder mich in Zorn versetzt, dann sind die besten Vorsätze beim Teufel." Oder: „Ein dummes Wort, und vorbei ist der ganze Sonntagsfriede."

Gerade wegen dieser Not höre ich aus dem Entlaßgruß auch einen Wunsch heraus: Die Bereitschaft zum Frieden möge nicht über unsere Kräfte geprüft werden. Der Friede des Herrn soll sich als stärker erweisen als die Angriffe des Unfriedens. Dieser Wunsch wird um so eher in Erfüllung gehen, je mehr wir von der Richtigkeit und Kraft dieses Friedens überzeugt sind, je weniger wir dem Kleinmut und der Angst nachgeben. Es ist ja kein selbstgebastelter Friede, den wir von der Eucharistiefeier mitnehmen, sondern der Friede des Herrn, der sogar den Tod zu besiegen vermag. Dieser Gedanke kann Mut geben, den Friedensauftrag anzunehmen und nicht auf die lange Bank zu schieben.

Frieden hat mit Gott zu tun

„Selig, die Frieden stiften; denn sie werden Kinder Gottes genannt werden" (Mt 5,9). Wohl kaum eine Generation hat sich so sehr wie die unsrige die Köpfe darüber zerbrochen, wie Frieden zu stiften sei. Und doch war die Existenz der Menschheit noch nie so sehr bedroht wie heute. Die Ärmel hochzukrempeln und den Frieden zu fordern, genügt offensichtlich nicht.

Wir müssen begreifen: der Friede hat unmittelbar etwas mit Gott zu tun. Wer meint, bei allen Reden von Frieden und Zukunft Gott aus dem Spiel lassen zu können, hat keinen festen Boden unter den Füßen. Die Erfahrung zeigt: Wo immer Menschen versuchen, losgelöst von Gott sich selbst zu helfen, tun sie es auf Kosten anderer.

Wer mit Gott für den Frieden eintritt, hat die bessere Position. Allerdings ist dazu oft ein großer Weitblick nötig, denn die vordergründige Folge des Friedensdienstes ist nicht selten der eigene Verzicht, das Opfer, manchmal sogar der Verlust des Lebens. Doch die Feier des Todes und der Auferstehung Jesu sagt uns eindeutig, daß Hoffnung auch dort möglich ist, wo die Katastrophe herrscht. Friedensstifter können gekreuzigt werden, aber sie werden Kinder Gottes sein.

Auftrag der Gemeinde

Nicht nur der einzelne wird mit der Aufforderung zum Frieden in die Welt geschickt, sondern die ganze Gemeinde. Aus diesem Wissen heraus ist die Synode der Bistümer der Bundesrepublik Deutschland 1975 die Verpflichtung eingegangen, „den Dienst der Versöhnung und das Zeugnis des Völkerfriedens mehr als bisher in ihren gesamten Lebensvollzug aufzunehmen". Es wurde damals empfohlen, mit der Friedenserziehung im persönlich erlebbaren Bereich zu beginnen, etwa im Zusammenleben mit Ausländern, im Umgang mit dem Generationskonflikt, dem Dialog zwischen Wehr- und Zivildienstleistenden, durch Gemeindeprojekte für die dritte Welt. Die Zwischenbilanz zeigt, daß in unserer Kirche einiges geschehen ist, aber daß noch viel zu tun bleibt.

Friedensarbeit in der Gemeinde braucht sich nicht in erster Linie in politischen Bekenntnissen zu äußern, sondern in der konkreten Gestaltung von Frieden im eigenen Bereich. Dort, wo wir als Glieder der Gemeinde Verantwortung tragen, sollen wir für etwas mehr Gerechtigkeit, Versöhnung, humane Konfliktlösung sorgen. Freilich werden trotz aller Bemühung Konflikte dennoch nicht ausbleiben. So ist lebendige Jugendarbeit fast immer vom Konflikt begleitet. Der politische Streit um den richtigen Weg zur Sicherung des inneren und äußeren Friedens macht auch vor der Gemeinde nicht halt. Aber wie wir in diesen Auseinandersetzungen miteinander umgehen, das ist wichtig. Nur wenn wir es schaffen, den „kleinen Frieden" vor Ort zu stiften, können wir glaubwürdig auch Ratschläge zur Schaffung des „großen Friedens" geben. Christliche Gemeinde ist dazu berufen, ein anschauliches Modell dafür abzugeben, wie die Menschheit insgesamt leben sollte.

Hoffnung statt Angst

„Keiner wird leugnen: das Gleichgewicht des Schrekkens ist gefährlich und zerbrechlich." Ein Wort von Kardinal Höffner angesichts der aktuellen politischen Friedensdiskussion. Es ist kein Zweifel: aus Angst entsteht Unheil. Angst vermag zwar für eine gewisse Zeit den Krieg zu verhindern, aber nicht den Frieden zu sichern. Freilich wären wir im Augenblick schon froh, wenn jeder Krieg zu verhindern wäre, aber wie lange? Wer vor dem anderen Angst hat, ist ständig zum Kampf gerüstet, ist mißtrauisch, denkt feindselig über den anderen. Wenn die Angst übermächtig wird, kann sie sogar zu einer „Vorwärtsverteidigung" verleiten oder zu unkontrollierbaren Entscheidungen aus Panik. Angst ist immer ein schlechter Ratgeber.

Darum scheint mir der wichtigste – aber leider meist vernachlässigte – erste Schritt zum Frieden im Abbau der Angst zu liegen. Das war auch ein Zentralanliegen Jesu. Er wollte die Menschen nicht in ihrer Angst verkommen lassen. Darum suchte er den Frieden nicht durch Drohungen zu schaffen, sondern durch die Frohbotschaft.

– Wenn ich daran glaube, daß Gott nicht den Tod, sondern das Leben will, dann kann ich meine Angst abbauen.

– Wenn ich daran glaube, daß die Liebe mehr vermag als der Haß, dann werde ich mich auch bemühen, daß der andere vor mir keine Angst mehr zu haben braucht.

– Wenn ich daran glaube, daß der andere Kind des gleichen himmlischen Vaters ist und darum mir – ob ich das wahrhaben will oder nicht – als Bruder oder Schwester zur Seite gegeben ist, dann werde ich den Frieden nicht mehr dadurch suchen, daß ich den anderen durch Drohungen in Schach halte, sondern daß ich ihm die Hand reiche, mit ihm spreche und mich um sein Wohl ebenso sorge wie um mein eigenes.

Wer sich davon leiten läßt, dient dem Frieden. Lebendige Modelle sind wirksamer als theoretische Resolutionen.

Gebet für den Frieden

„Bete und arbeite", diese benediktinische Regel gilt auch für den Friedensdienst. Dabei steht – auch wenn wir das vielleicht oft als zu zeitverschwenderisch und unproduktiv halten – das Gebet an erster Stelle. Wenn wir „in Frieden gehen" wollen, muß unser Weg vom Gebet begleitet sein. Das Gebet ist ein guter Wegweiser. Dann kann ich auch arbeiten.

Freilich kann man einwenden, daß doch für den Frieden schon lange genug gebetet werde und nichts habe sich geändert. Vielleicht beten wir falsch. Manchmal kommt mir vor, als wollten wir Gott erst noch missionieren und ihn davon überzeugen, daß die Welt im Argen liegt und daß endlich etwas geschehen müßte, so als wüßte er das noch gar nicht. – Aber Gott kennt doch die Bedingungen des Friedens viel besser als wir. Auch die Menschenrechte sind nicht unsere Erfindung, sondern gründen letztlich in seinem schöpferischen Wirken. Daß Frieden allen ermöglicht werden soll, ohne Ansehen der Person, des Geschlechts der Rasse, der Religion, das ist doch Gedankengut aus dem Bereich Gottes.

Das Gebet hilft uns, den Gedanken Gottes mehr zu vertrauen als den Gedanken der Menschen. Das sollte auch unseren Beitrag bei der politischen Friedensdiskussion bestimmen. Meist wird nur mit der Vision des drohenden Unterganges operiert. Dies ist ja einerseits verständlich, aber steigert letztlich nur die Angst. Der christliche Ruf zur Umkehr gründet auf der Hoffnung. Diese müssen wir in unseren Worten und in unserem Leben bezeugen. Man muß uns anmerken, daß wir trotz Bosheit an die Liebe glauben, trotz Tod an das Leben, trotz Aufrüstung an eine Verwandlung der Schwerter in Pflugscharen.

Es muß unser Anliegen sein, daß auch die Politiker von diesen Gedanken geleitet werden, denn von ihren Entscheidungen hängt viel für viele Menschen ab.

Wir können nur hoffen, daß es den Betern gelingt, sehr ruhig und nüchtern, mutig und hoffnungsvoll, nicht in der Angst unterzugehen, nicht in Panik zu verfallen, sondern an der Vision vom Frieden festzuhalten. Das ist möglich. „Gehet hin in Frieden!" Das ist nicht nur ein Auftrag, sondern auch eine Verheißung.

ALOIS FRANK

Lebt aus der Eucharistie!

Nicht „die Messe hören", wie man früher sagte, sondern die Messe mitfeiern, miterleben und mitnehmen in den Alltag, das ist immer schon das Hauptanliegen der Kirche. Die Messe mitnehmen heißt nichts anderes, als aus ihrem Geist leben, sich auch untertags verbunden fühlen mit Jesus, der im heiligen Mahl unser Wegbegleiter wurde, verbunden auch mit der Gemeinde der Gläubigen, mit denen wir um den Altar standen. Hier einige Wegweisungen, wie dieses „Leben aus der Eucharistie" im Alltag aussehen könnte.

Lebe mit deinem Gott!

Ich habe meine Mutter selten so ruhig und gelassen erlebt wie an den Tagen, da sie von einer Wallfahrt zurückkehrte. So wurde für mich ihre jährliche Wallfahrt nach Walldürn zum Heiligen Blut oder Maria Dettelbach immer ein Anlaß zu besonderer Liebe und froher Erwartung. Ich wußte, wenn die Mutter das Haus betrat, lag in ihren Augen ein eigenartiger Schimmer der Erinnerung an die vielen Stunden, die sie betend und singend an den Wallfahrtsstätten verbracht hatte. Dann erzählte sie, wieviele Messen sie „gehört" habe, wie sie zur Beichte und Kommunion gehen und sich einmal „richtig ausbeten" konnte. Sie habe das Zusammensein mit unserem Herrgott in aller Ruhe genießen können. Und wirklich, die Mutter war die nächsten Tage wie verändert. Es war, als ob Gott ihr ein besonderes Glück geschenkt habe, das nach außen strahlte. Und etwas davon ging sogar auf mich über, ohne daß ich es merkte.

Von Heiligen wird berichtet, ihr Antlitz habe geheimnisvoll geleuchtet, nachdem sie die heilige Kommunion empfangen hatten. Man konnte sich ihnen nur in Ehrfurcht nähern, denn etwas Übernatürliches umgab sie. Und sie bekannten selbst, daß sie den im heiligen Mahl empfangenen Jesus „fühlbar" in sich trugen und ihre Seele verwandelt wußten.

Gewiß sind solche Erscheinungen etwas Besonderes, das einen tiefen Glauben und eine heldenhafte Liebe voraussetzt, manchmal auch fromme Legende. Aber Tatsache ist, daß die heilige Eucharistie einen Menschen so beeinflussen kann, daß er sich wie neugeboren fühlt.

Das Erlebnis der Gegenwart Gottes in den Gestalten von Brot und Wein wirkt in diesen Menschen weiter und verleiht ihrem Tun neue Kraft und beschwingte Energie.

Warum erleben heute angeblich so wenige diese Einwirkung der Gegenwart Gottes in der heiligen Messe? Fehlt es an Glauben? Ist unsere Liebe zu Gott und den Mitmenschen nicht stark genug? Lassen wir uns nach der eucharistischen Feier wieder allzuschnell von den Sorgen und den unzähligen Einwirkungen des Alltags einfangen, so daß das Erlebte ohne Wirkung bleibt?

Gott kommt in der Eucharistie nicht zu einem flüchtigen Besuch. Er möchte bleiben, auf die Seele einwirken. Er möchte teilhaben am Leben des Menschen, ihn dahin begleiten, wo er sein Leben lebt. Er möchte Einfluß nehmen auf seine Haltung, sein Denken und sein Tun. Freilich kann er das nur, wenn wir es ihm gestatten. Wenn wir seine Gegenwart ernst nehmen und ihn wirken lassen.

Es ist zu bedauern, daß viele den Wert der Vereinigung mit Gott in der Eucharistie nicht zu schätzen wissen. Ihr Leben wäre leichter, vielleicht auch gelassener, zufriedener. Es gibt doch keinen besseren Freund und Begleiter als Gott. Er bietet sich an. Er kehrt bei uns ein. Er lebt mit uns, in uns, um uns. Leben wir bewußt mit ihm, der uns überall hin begleitet?

Gib der Versöhnung eine Chance!

Wer Eucharistie mit ganzem Herzen feiert, wird von Gott mit seinem Frieden beschenkt. Das heißt, er wird von Schuld und Sünde befreit, immer wieder neu erlöst und damit reich und tief beschenkt.

Gottes Gaben verpflichten. Nicht nur zur Dankbarkeit, weil sie uns im Übermaß zuteil werden und weil wir sie unverdient empfangen. Sie verpflichten auch zur Weitergabe.

Jesus gibt uns im Gleichnis vom „unbarmherzigen Knecht" (Mt 18,23 f) einen diesbezüglichen Hinweis. „Deine ganze Schuld habe ich dir erlassen", so herrscht er ihn an, „du elender Knecht, weil du mich angefleht hast. Hättest du dich nicht auch deines Mitknechtes erbarmen müssen?" Und der Herr, so heißt es weiter, strafte den bösen Knecht furchtbar für diese Unbarmherzigkeit. Jesus schließt mit dem Hinweis, so werde auch sein Vater im Himmel jeden behandeln, der seinem Bruder nicht von ganzem Herzen vergibt.

Die Eucharistiefeier ist der Ort, von dem alle Versöhnung der Welt ausgeht. Gott, der große Versöhner der Menschheit, bietet sich an, allen Streit zu schlichten, Mißgunst und Eifersucht zu beseitigen, Feindschaften und Kriege zu beenden. Seine Gegenwart hat Frieden, Freundschaft und Liebe zum Ziel.

Darum sollten wir Christen, die wir bei der heiligen Feier Seite an Seite ohne trennende Gefühle um den Altar stehen und denselben Leib unseres Herrn im heiligen Mahl empfangen, uns auch im Alltag um gute Nachbarschaft, um Freundschaft und Kameradschaft mühen. Kein trennendes Hindernis darf zwischen uns sein, da wir doch alle ohne Unterschied als Kinder Gottes, als Brüder und Schwestern Jesu angenommen sind.

Versöhne dich, und laß dich versöhnen! Das ist die praktische Konsequenz, die sich auf Grund der gemeinsamen Eucharistiefeier in allen Lebensbereichen durchsetzen muß.

Freue dich und sei dankbar!

Die Eucharistie zeigt dem gläubigen Menschen wie kaum ein anderes Geschehen, daß wir immer und immer wieder reich und liebevoll von Gott beglückt und beschenkt werden. Das ist ein Grund zu stets neuer Freude in unserem oft sorgengeplagten und freudlosen Dasein.

Der Christ ist deshalb ein froher und dankbarer Mensch. Das sollte man ihm auch ansehen. So konnte die heilige Theresia von Avila mit Recht beten: „Herr, erlöse uns von den finsteren Heiligen!" Und der Philosoph Nietzsche klagt wohl nicht zu unrecht: „Erlöster müßten mir die Christen aussehen, und bessere Lieder müßten sie mir singen, wenn ich an ihren Erlöser glauben soll." Wenn man an so manche mißmutige, von Nöten und Ängsten geplagte Menschen denkt, muß man diesem Ausspruch Recht geben.

Mich wundert, wie ein Mann wie Jesus Sirach schon im Alten Testament, das doch ganz in der Erwartung des Erlösers stand, die folgenden Worte schreiben konnte (Jes. Sir. 30,22-25):

„Freude des Herzens ist Leben für den Menschen. Frohsinn verlängert ihm die Tage. Rede dir selbst gut zu und beruhige dein Herz, halte den Ärger dir fern. Denn viele tötet die Sorge, und Verdruß hat keinen Wert. Neid und Ärger verkürzen das Leben, Kummer macht vorzeitig alt. Der Schlaf des Fröhlichen wirkt wie eine Mahlzeit, das Essen schlägt gut bei ihm an."

Sicher war Jesus Sirach von den Vorfreuden inspiriert, die seine Nachkommen etwa 200 Jahre später, mit Jesus, dem ersehnten Messias erleben durften.

Wäre es nicht ein echtes Kompliment für unseren Glauben, wenn diese Worte auch heute noch für jeden Christen zuträfen, der die Eucharistiefeier als das Glück, den Segen und die Freude seines Alltags erlebt und hineinwirken läßt in sein Dasein?

Denk an die anderen!

Eucharistie ist das Mahl der Liebe. Wer am gemeinsamen Tisch Platz nimmt, darf den anderen nicht ausschließen, weder den Lebenden noch den Toten, weder Freund noch Feind, weder arm noch reich. Auch die am Rande stehen, fremd, unbeachtet oder ausgesperrt sind, und jene, die gewohnt sind, im Scheinwerferlicht zu stehen, jeder ist gerufen, geladen und hat Zutritt zur Gemeinschaft der Glaubenden. So ist die Eucharistie Vorbild echter menschlicher Gemeinschaft.

Zugleich aber ist sie auch Aufforderung, diese Gemeinschaft im täglichen Miteinander zu praktizieren.

Leben aus der Eucharistie, was heißt das anderes als dieses: „Unser Gott ist um uns, wir leben in seiner Vorsehung. Wir sind für ihn da, weil er für uns da ist. Was wir sind und haben, stammt aus seiner Hand. Das gilt für alle, für jedermann, für uns wie für die andern. Gott macht keine Ausnahme.

Dürfen wir dann Ausnahmen machen? Oder dürfen wir uns darauf beschränken, anderen nur um Lohn und Entgelt zu dienen? Haben andere nicht auch ein Recht auf unsere Liebe? Sollten wir sie nicht teilhaben lassen an unserem Wohlergehen, unserem Glück, an unserer Freude?

Ich habe schon oft folgendes beobachtet: Wenn am Schluß eines Dankgottesdienstes die Orgel das Lied „Großer Gott, wir loben dich" intoniert, dann leuchten die Augen der Gläubigen, und alle singen aus vollem Herzen mit. Alle singen und preisen Gott, den Geber alles Guten.

Der wäre gewiß ein trauriger Christ, der dieses Lied mit Begeisterung singt, aber im Alltag nicht fähig ist, anderen ein frohes Gesicht zu zeigen, einen freundlichen

Gruß zu geben oder sonst eine Freude zu machen. Er hat wohl kaum den Sinn der Worte des Schriftstellers Bernanos begriffen: „Seine Freude in der Freude des andern finden können, das ist das Geheimnis des Glücks."

Wer den Sinn der um den „Tisch des Wortes" und den „Tisch des Brotes" versammelten Gemeinde ernst nimmt, wird auch im Miteinander der menschlichen Gesellschaft den in der Eucharistie empfangenen Segen und die erlebte Freude weitergeben. Gott gibt den Segen, wir schenken ihn weiter. Gott erfüllt uns mit Freude, wir machen damit andere froh. So verbindet die heilige Feier die Erde mit Gott, das heißt, sie reicht hinüber ins Jenseits. Wir haben mit ihr ein Stück Himmel auf Erden, oder, wie die Kirche sagt, einen kleinen „Vorgeschmack ewiger Seligkeit".

Grund genug, diese Feier aller Feiern, dieses Fest aller Feste als Sakrament der Sakramente aus ganzem Herzen zu lieben und als unentbehrlich-kostbares Gut in unser tägliches Leben einzubeziehen. Heißt es doch in einem alten Volksspruch: „Messe am Sonntag, Freude am Sterbetag". Auch der Tag unseres Todes ist ein „Alltag"... Möge auch der letzte Tag ein Tag sein, der aus der Kraft der Eucharistie gelebt und beschlossen wird!

INHALT

DIE AUTOREN

PATER ANTON
DOSENBERGER SAC

geboren 1941 in Friedrichshafen, 1963 Eintritt in die Gesellschaft des Katholischen Apostolates (Pallottiner), Theologiestudium, 1967 Priesterweihe, anschließend Tätigkeit in der Gemeindeseelsorge, dann Ausbildung als Journalist und Redakteur. Ab 1971 Mitarbeiter in der Zeitschrift „Katholisches Apostolat" der Pallottiner als stellvertretender Chefredakteur. Daneben von 1971 bis 1986 Mitarbeiter im Pastoraltheologischen Institut der Pallottiner in Friedberg, von 1974 bis 1982 als dessen Leiter. Engagement bei verschiedenen Zeitungen und religiösen Illustrierten sowie in der Erwachsenenbildung. Seit 1982 Leiter des Pallotti-Verlages in Friedberg, und seit 1. 5. 1987 zugleich Chefredakteur der Pallottiner-Zeitschrift KATHOLISCHES APOSTOLAT.

PATER ALOIS FRANK SAC

Pallottiner, geboren am 17. April 1907; Abitur und Studium der Theologie; 1935 zum Priester geweiht; 1940 bis 1945 Teilnahme am 2. Weltkrieg als Sanitätssoldat; 1949 bis 1987 hauptamtlicher Redakteur der Pallottiner-Monatsschrift „KATHOLISCHES APOSTOLAT". Zugleich Arbeit in der Erwachsenenseelsorge (Exerzitien, Besinnungstage); Herausgeber einiger Bücher; seit 1946 in Friedberg bei Augsburg.

PATER PETER HINSEN SAC

geboren 1944 in Friedrichshafen, 1965 Eintritt in die Gesellschaft des katholischen Apostolates (Pallottiner), philosophisch-theologisches Studium, 1971 Priesterweihe, moraltheologisches Spezialstudium an der Universität Würzburg, mehrjährige seelsorgerliche Tätigkeit, u. a. als Studenten-, Telefon- und Gemeindeseelsorger, dreijährige Lehrtätigkeit am pastoraltheologischen Institut in Friedberg, von 1981-1986 Leiter des Martinushauses in Aschaffenburg (Bildungshaus der Diözese Würzburg), von 1986 Leiter der Abteilung „Gemeindekatechese" des Bischöflichen Seelsorgeamtes der Diözese Augsburg und Dozent am pastoraltheologischen Institut in Friedberg. Ab 1. Juli 1990 dessen Regens.

PATER JOSEF DANKO SAC

Jahrgang 1943; 1963 Eintritt in die Gesellschaft des Katholischen Apostolates (Pallottiner); 1969 Priesterweihe; 1971 Diplom in Homiletik (Predigtlehre); 1972−1981 Leiter des Martinushauses in Aschaffenburg (Bildungshaus der Diözese Würzburg); seit 1976 Gastdozent für Homiletik an der Theologischen Hochschule der Pallottiner in Vallendar/Rh.; von 1981 bis 1990 Regens des Pastoraltheologischen Instituts der Pallottiner in Friedberg bei Augsburg. Seit März 1990 Provinzial der süddeutschen Provinz der Pallottiner (Gesellschaft des Katholischen Apostolates).

Dosenberger, Frank, Stelzer SAC

Credo – ich glaube

Eine Vergegenwärtigung des Apostolischen Glaubensbekenntnisses

Die Autoren haben das Apostolische Glaubensbekenntnis für den Christen von heute dargestellt und sich dabei den drängenden Fragen weit geöffnet. Das Werk gibt dem Leser damit eine Antwort auf seine Frage: „Was soll ich heute noch glauben?"

194 Seiten, Snolin, DM 16,80
ISBN 3-87614-040-4

Dosenberger, Frank, Stelzer, Hinsen SAC

Christliche Lebensregeln

Hilfen zur Lebensorientierung in ratloser Zeit

In einer schwieriger gewordenen Welt, in der viele Menschen aus dem Tritt geraten sind und keine Richtung mehr für ihr Leben erkennen, muß der Christ den Mut aufbringen, ein erneutes Ja zu bewährten Lebensregeln zu sagen. Miteinander leben können wir nur, wenn wir auch bereit sind, einander anzunehmen und ernstzunehmen, aufeinander Rücksicht zu nehmen, tapfer und treu zu sein.

218 Seiten, Snolin, DM 16,80
ISBN 3-87614-043-9

Vinzenz Pallotti

Gott, die unendliche Liebe

Herausgegeben und eingeleitet von P. Ansgar Faller SAC

Im vorliegenden Werk stellt Vinzenz Pallotti, der Gründer der Gesellschaft des Katholischen Apostolates (Pallottiner), seinen geistlichen Lieblingsgedanken „Gott, die unendliche Liebe" vor. In 31 Lesungen, beziehungsweise Betrachtungen eröffnet er den Zugang zu den drei ersten Glaubensaussagen im Glaubensbekenntnis. Eine Fülle von Glaubenswahrheiten tut sich auf.

160 Seiten, kartoniert mit vierfarbigem Umschlag, DM 14,80
ISBN 3-87614-041-2

P. Josef Danko SAC

Novene

Neuntägige Andacht zum heiligen Vinzenz Pallotti

Ein Gebetbuch, das auf alter kirchlicher Tradition aufbaut und dennoch sehr modern ist. Dieses Novenenbüchlein zu Ehren des heiligen Vinzenz Pallotti enthält neben der gut überschaubaren, nach Tagen und Themen geordneten neuntägigen Andacht eine Einführung in den Sinn und die Verankerung des Neun-Tage-Gebetes in der kirchlichen Tradition.

56 Seiten, Kunststoffumschlag, DM 6,80
ISBN 3-87614-047-1

Karl Stelzer SAC

Vinzenz Pallotti – Ein Heiliger für heute

Vinzenz Pallottis vielseitige und unermüdliche missionarische Aktivität erwuchs aus einer intensiven Innerlichkeit. Beide Aspekte kommen in dieser biographischen und pastoralen Würdigung zum Leuchten.

120 Seiten, 16 Bildseiten, kartoniert, DM 6,80
ISBN 3-87614-037-4

Victor de la Vierge O.C.D.

Theresia von Liseux

Lehrmeisterin des geistlichen Lebens

Der Verfasser, Novizenmeister der Pariser Karmelitenprovinz, zeigt uns hier die Hl. Theresia als Erzieherin zu einem gesunden, kraftvollen, unkomplizierten, realistischen und dabei ganz auf Gott bezogenen religiösen Leben. Das Buch wird allen, die nach religiöser Vertiefung suchen, Priestern wie Laien, ein wertvoller Führer sein.

217 Seiten, Snolin, DM 18,80
ISBN 3-87614-046-3

Dosenberger, Frank, Stelzer SAC

Die Bibel – Buch meines Lebens

Antworten aus der Gottesbotschaft für unser Leben

Die Autoren haben versucht, aus dem reichen Schatz der Bibel Einsichten und Antworten für den Menschen von heute zu finden. Die Bibel ist mehr als ein großes literarisches Werk, mehr auch als ein abenteuerliches oder frommes Lesebuch. Sie ist das Buch des Lebens. Sie kann es für jeden werden, der sich wirklich auf sie einläßt.

232 Seiten, Snolin, DM 16,80
ISBN 3-87614-042-0

Josef Danko SAC

Vinzenz Pallotti: Hunger und Durst nach Gott

Gedanken für jeden Tag aus den Schriften des Heiligen

Ausgesuchte Worte und Gedanken für jeden Tag aus der Frömmigkeit Pallottis, sozusagen als geistliche Losung für den Tag. Im Aufbau orientiert es sich an den zwölf Monaten des Jahres. Über jedem Monat steht ein Thema, eingeleitet durch ein Gebet Pallottis. Dann folgt jeweils am ersten Tag des Monats ein aktueller Text über Pallotti von Päpsten und aus den Dokumenten des II. Vatikanischen Konzils. Schließlich reihen sich Tag für Tag die Texte aus den Schriften Pallottis an. In einem eigenen Quellennachweis sind die Fundorte der Zitate angegeben. Überdies ist ein geschichtlicher Abriß über Leben und Wirken Pallottis sowie ein Novenengebet zu Ehren des Heiligen angefügt. So wird dieses Büchlein zu einem Begleiter für jeden Christen, der seinen Weg konsequent zu Gott gehen will.

187 Seiten, Kunststoff-Einband, DM 14,80
ISBN 3-87614-054-4